CORPUS SCRIPTORUM DE MUSICA

GILBERT REANEY
General Editor

JOHANNES DICTUS BALLOCE
Abreviatio Magistri Franconis
Edited by
GILBERT REANEY

ANONYMOUS
Compendium Musicae Mensurabilis
Artis Antiquae
(Ms. Saint-Dié, Bibl. Municipale, 42)
Edited by
GILBERT REANEY

ANONYMOUS
Compendium Musicae Mensurabilis
Artis Antiquae
(Ms. Wien, Nationalbibl., 5003)
Edited by
HEINZ RISTORY

ANONYMOUS
Tractatus Artis Antiquae cum Explicatione
Mensurae Binariae
(Ms. Wien, Nationalbibl., 5003)
Edited by
HEINZ RISTORY

AMERICAN INSTITUTE OF MUSICOLOGY
Armen Carapetyan, Ph. D.
Director

CORPUS SCRIPTORUM DE MUSICA

34

JOHANNES DICTUS BALLOCE
ABREVIATIO MAGISTRI FRANCONIS

Edidit

GILBERT REANEY

ANONYMUS

COMPENDIUM MUSICAE MENSURABILIS ARTIS ANTIQUAE

(Ms. Saint-Dié, Bibl. Municipale, 42)

Edidit

GILBERT REANEY

ANONYMUS

COMPENDIUM MUSICAE MENSURABILIS ARTIS ANTIQUAE

(Ms. Wien, Nationalbibl., 5003)

Edidit

HEINZ RISTORY

ANONYMUS

TRACTATUS ARTIS ANTIQUAE CUM EXPLICATIONE MENSURAE BINARIAE

(Ms. Wien, Nationalbibl., 5003)

Edidit

HEINZ RISTORY

AMERICAN INSTITUTE OF MUSICOLOGY
HÄNSSLER VERLAG
1987
68.340

Hänssler-Verlag, D-7303 Neuhausen-Stuttgart, W. Germany
Order No. 68.340
ISBN 3-7751-1105-0

CONTENTS

JOHANNES DICTUS BALLOCE
ABREVIATIO MAGISTRI FRANCONIS

INTRODUCTION

Of the many versions of the Franconian compendium which begins *Gaudent brevitate moderni*, few are credited with an author's name. It is therefore noteworthy that the early Ars Nova manuscript Paris, Bibliothèque Nationale, latin 15128, attributed the present version to one Johannes dictus Balloce. Nothing is known of this writer, though he may have been the copyist of all the musical treatises in the manuscript. Of the five short *tractatuli*, four have now been reprinted in CSM.[1] The remaining work contains extracts from the treatise of Lambertus.[2]

The present treatise is one of the earlier versions of the compendium, though no doubt preceded by the work of Petrus Picardus[3] and the anonymous version in the well-known St. Victor manuscript Paris, Bibliothèque Nationale, latin 15139.[4] Nevertheless, it is unlikely that the compendium originated much before 1300, for Franco's own *Ars cantus mensurabilis*[5] is not now generally dated before about 1280.[6] What is remarkable is that most sources are much later than 1300, and date from a period when the Franconian motet must have been considered obsolete. Nevertheless, the obviously convenient format of this brief introduction to mensural notation must have endeared it to generations of music students. Franco's name is rarely

[1]Apart from the present work, the anonymous *De valore notularum tam veteris quam novae artis* (Anon. II of CS III) and *Compendium musicae mensurabilis tam veteris quam novae artis* (Anon. IV of CS III) appear in CSM 30 (1982), edited by myself. Another anonymous treatise, the *De arte musicae breve compendiolum* (Anon. III of CS III) was edited by André Gilles as part of the edition of Philippe de Vitry's *Ars Nova* in CSM 8 (1964).

[2] Cf. CS I, 252–258.

[3]New edition by F. Alberto Gallo in CSM 15 (1971), 16.

[4]Fol. 272–275. Edited as Document V in CoussH, 262.

[5]New edition by G. Reaney and A. Gilles as CSM 18 (1974).

[6]Cf. *Ibid*, 10; and W. Frobenius, 'Zur Datierung von Francos Ars cantus mensurabilis', *Archiv für Musikwissenschaft* 27 (1970), 122 ff.

connected with it, though the final chapter on the rhythmic modes usually mentions him, as in the present case: *Modi secundum magistrum Franconem sunt quinque*. Usually, examples from actual motets are presented to clarify the distinction between the five modes. In the present case, this is not so, and the examples simply present the basic grouping of longs and breves.

The chapters dealing with individual notes and ligatures respectively seem fairly typical, and the questions of imperfection, alteration and the use of the plica are considered in reasonable detail. An indication of the stage of notational development reached when this treatise was written can be seen in the chapter on rests. There is no mention of the minim, but both major and minor semibreves are represented by rests covering two thirds and one third of a space respectively.[7] In this, the treatise is simply following Franco's own tenets in chapter 9 of the *Ars cantus mensurabilis.*[8] However, two other treatises in ms latin 15128 claiming to represent both the Ars Antiqua and the Ars Nova, though still clinging to Franco in their examples, specifically claim for the semibreve rest a half space on the stave; the first treatise also calls anything shorter a minim rest.[9]

THE MANUSCRIPT

Paris, Bibliothèque Nationale, latin 15128 *P*
(Description in CSM 30, p. 12)

[7] *Ex. 35.*

[8] CSM 18, p. 55.

[9] The *De valore notularum* and *Compendium musicae mensurabilis* mentioned in footnote 1. Cf. CSM 30, pp. 20, 37.

ABREVIATIO MAGISTRI FRANCONIS
A JOHANNE DICTO BALLOCE

Capitulum 1
De simplicibus figuris
P 122v

[1]Gaudent brevitate moderni. [2]Quandocumque punctus quadratus vel nota quadrata, tractum habens descendentem *vel ascendentem* a parte dextra, longa dicitur, ut hic:

Ex. 1

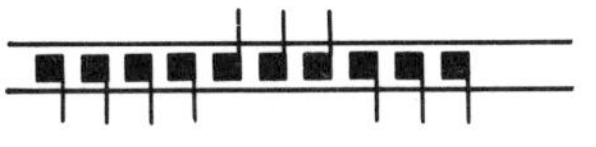

[3]Longa vero ascendendo vel descendendo plicata, sicut plicatur, ut hic:

Ex. 2

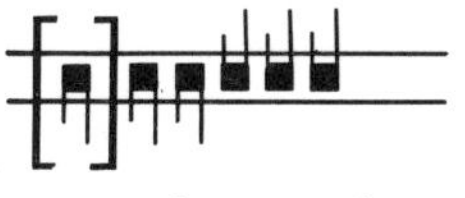

[4]Quandocunque punctus quadratus invenitur qui caret omni tractu, brevis dicitur, ut hic:

Ex. 3

[5]Brevis plicata ascendendo vel descendendo hoc modo dicitur plicare:

Ex. 4

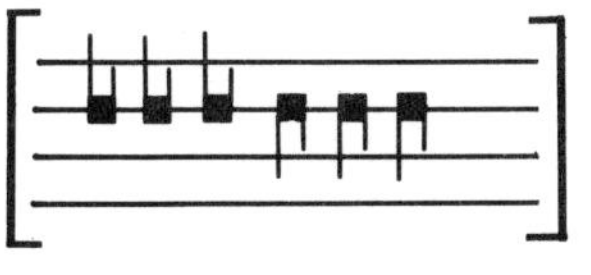

[6]Semibrevis dicitur vero: ad modum losenge formatur, ut hic:

Ex. 5

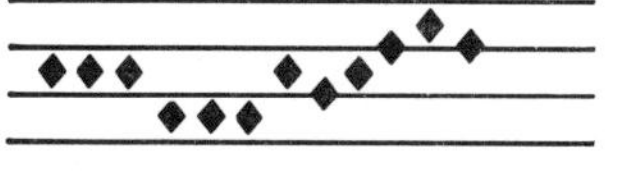

1: Ex. 4 vacat ms/

[7]Et plicari non possunt, nisi quando tres super unam sillabam inveniuntur, ut hic:

Ex. 6 

[8]Quando sola brevis pr*ae*cedit longam, imperficit eam, et etiam quando sequitur, ut hic:

Ex. 7 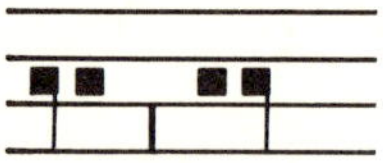

nisi per divisionem modi autem distinguitur, ut hic:

Ex. 8 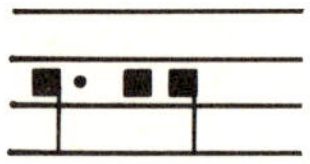

[9]Tunc prima longa habet tria tempora et brevis sequens refertur ad longam sequentem, et imperficit eam. [10]Longa ante longam valet tria tempora, ut hic:

Ex. 9 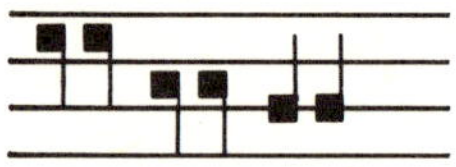

[11]Duplex longa valet sex tempora, et plicari potest ad modum long*ae* simplicis, ut hic:

Ex. 10 

[12]Omnes breves sunt *ae*quales, nisi duobus modis. [13]Primo quando inter duas longas du*ae* breves inveniuntur, vel quando inter duas longas *duae* vel tres semibreves et brevis inveniuntur, tunc prima brevis vel valor ipsius habebit unum tempus tantummodo, et altera duo

/*Ex. 6* 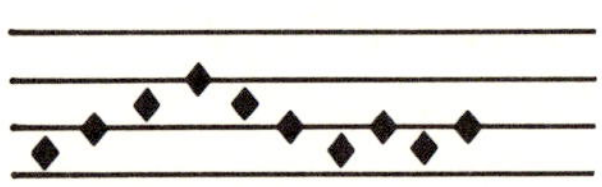 *ms*/ / 11 potest duplex longa *ms* / / 12 duobus: divisionibus *ms*/

tempora et vocabitur altera, ut hic:

Ex. 11

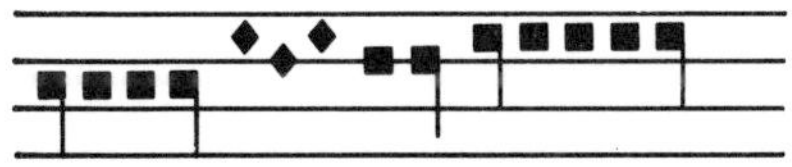

nisi per divisionem modi aliter distingatur, ut hic patet exemplum:

Ex. 12

14 Tunc prima brevis imperficiet primam longam, et secunda brevis imperficiet longam sequentem. 15 Item si plures breves inter duas longas inveniuntur, vel et sine prima longa, ita tamen quod ultima semper remaneat longa, tres insimul debent poni pro perfectione; et si duo in fine, ultima brevis valebit duo tempora et vocabitur altera brevis, ut hic:

Ex. 13

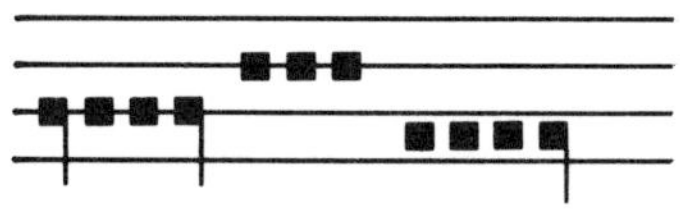

15 Notandum quod, quando tres breves inveniuntur inter duas longas, quod sunt *a*equales, nisi per divisionem modi aliter distingantur, ut hic:

Ex. 14

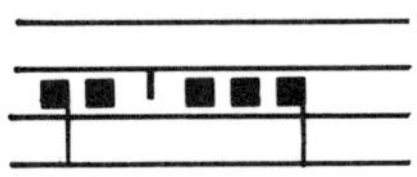

16 Tunc prima brevis imperficiet primam longam, secunda habebit unum tempus, et tertia sive ultima habebit duo tempora et erit altera brevis, ut hic:

Ex. 15

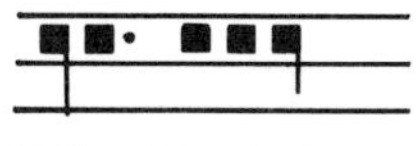

17 Sciendum est quod, quandocumque duae semibreves inveniuntur inter duas longas vel breves, sunt in*a*equales; prima vocatur minor, secunda vero maior, ut hic:

Ex. 16

[18]Et est maior semibrevis qu*ae* habet duas partes unius temporis brevis; minor est illa qu*ae* habet tertiam partem unius temporis brevis. [19]Quandocumque tres semibreves inveniuntur inter duas longas vel breves, *ae*quales sunt ut hic:

Ex. 17

[20]Item si plures semibreves inveniuntur inter duas longas vel breves, omnes sunt in*ae*quales, nisi in fine tres remaneant, ut hic:

Ex. 18

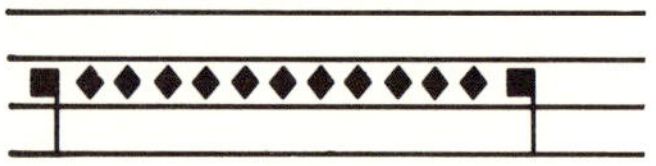

[21]Sed si tres in fine remaneant, ill*ae* tres erunt *ae*quales, quia du*ae* et du*ae* semper pro recta brevi computantur, nisi per divisionem modi aliter distingatur, ut hic:

Ex. 19

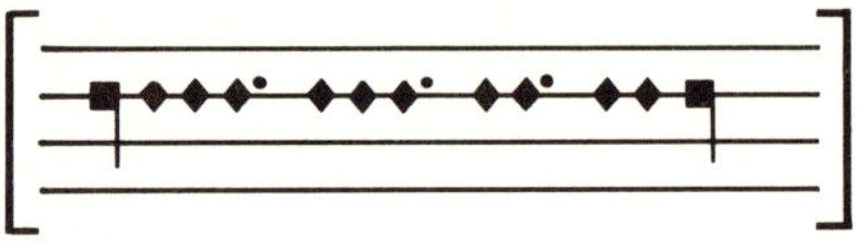

[22]Tunc aliquando erunt du*ae* pro recta brevi, aliquando tres, aliquando quatuor, et sic de aliis.

Capitulum 2
De figuris ligatis
P 123v

[1]Ligatura ascendens est quando secundus punctus altior est primo. [2]Descendens vero ligatura est quando primus punctus altior est secundo, ut hic:

/20 tres: due *ms*/ /*Ex. 19 vacat ms; sequuntur haec vocabula*: verte folium et inveniet exemplum/

Ex. 20 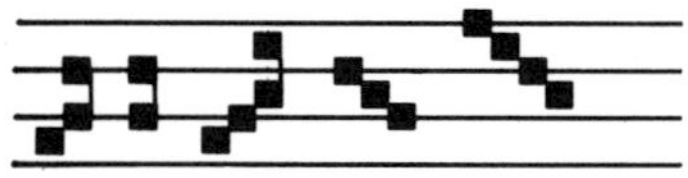

[3]In ligatura ascendente, quando primus caret omni tractu, brevis dicitur, ut hic:

Ex. 21 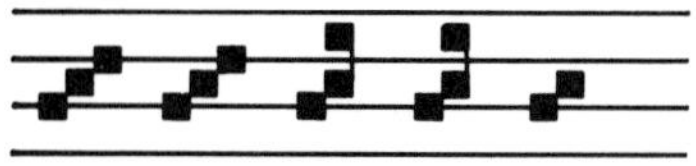

[4]In ligatura vero descendente, quando primus punctus tractum habet a parte sinistra descendente, brevis est, ut hic:

Ex. 22 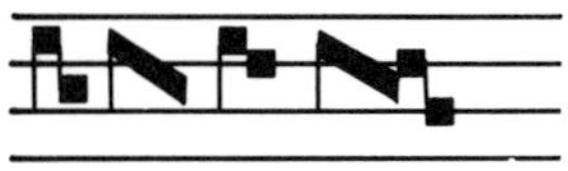

[5]Item omnis ligatura ascendens, quando primus punctus tractum habet a parte dextra descendente, longus dicitur, ut hic:

Ex. 23 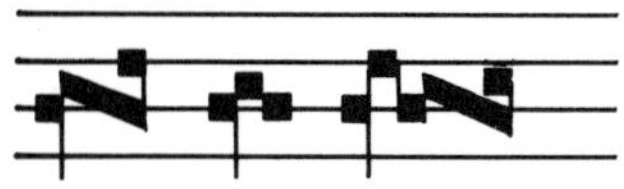

[6]Item in ligatura descendente, quando primus punctus caret omni tractu, longus dicitur, ut hic:

Ex. 24 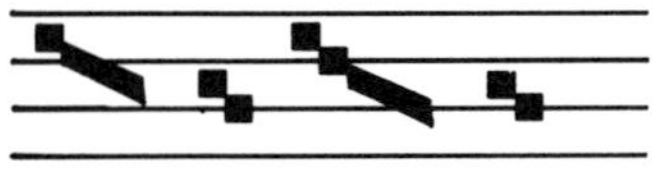

[7]Item omnis ligatura descendens sine proprietate, prima longa ut hic:

Ex. 25 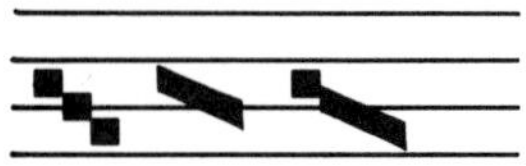

[8]Omnis ligatura ascendens sine proprietate, prima brevis dicitur ut hic:

Ex. 26 

2: Ex. 23: tertia ligatura caret omni tractu ms/

[9]Quandocumque ultimus punctus ligatur*ae* ascendentis recte stat supra penultimam cum perfectione, dicitur longus, ut hic patet exemplum:

Ex. 27

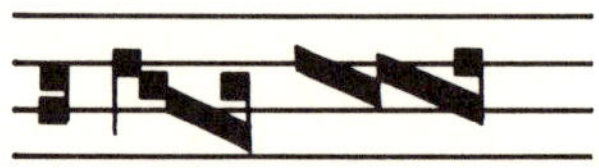

[10]Quando ultimus punctus ligatur*ae* descendentis quadratus invenitur cum perfectione, longus dicitur ut hic:

Ex. 28

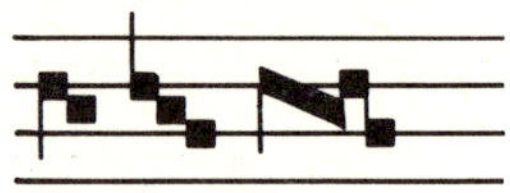

[11]Omnis ligatura cum perfectione est longa. [12]Item quandocumque ultimus punctus ligatur*ae* ascendentis stat supra penultimam capite adverso obliquo, brevis dicitur, ut patet hic:

Ex. 29

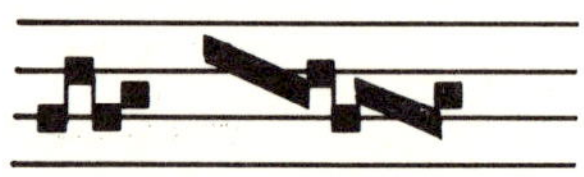

[13]Item quandocumque du*ae* not*ae* in uno corpore obliquo in fine ligatur*ae* inveniuntur, ultima dicitur brevis, ut hic:

Ex. 30

[14]Opposita proprietas est quando in primo punctu ligaturae ascendentis vel descendentis tractus ascendens invenitur, ut hic:

Ex. 31

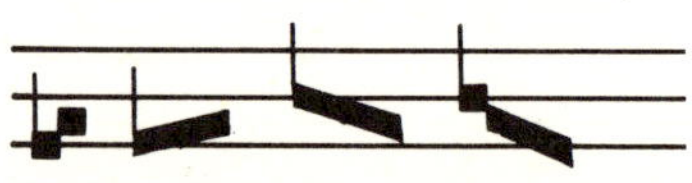

[15]Opposita proprietas est signum semibrevitatis. [16]Omnes medi*ae* sunt breves, nisi per oppositam proprietatem deffendantur.

Ex. 32

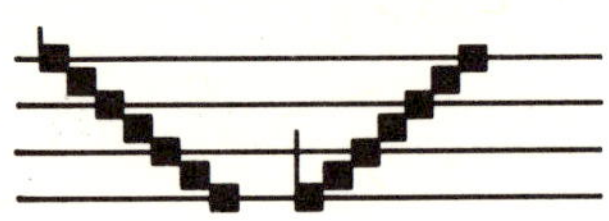

/9 patet: superius *ms*/ /10 quadratus: tractus quadratus *ms* / /16 deffendantur: deffanderitur *ms*/

[17] Ligatura quae est cum perfectione sic plicatur, ut hic:

Ex. 33 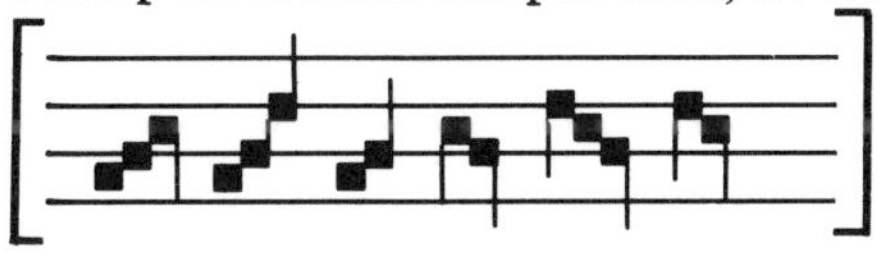

[18] Ligatura quae est sine perfectione ascendendo et descendendo sic plicatur, ut patet in hoc exemplo:

Ex. 34 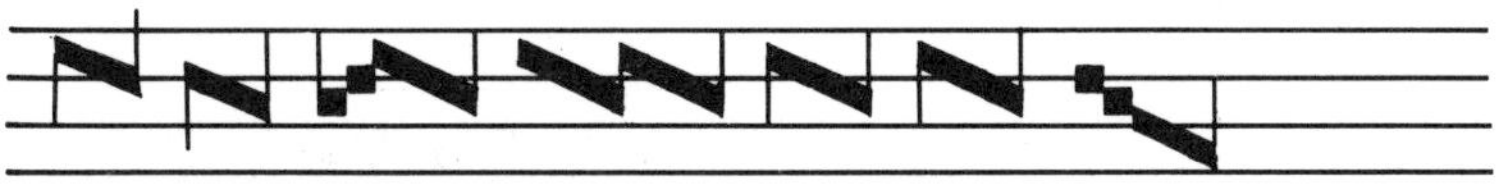

Capitulum 3
De pausis
P 123v

[1] Pausationum sex sunt species. [2] Prima vocatur minor, secunda maior, tertia recta brevis, quarta imperfecta, quinta perfecta, sexta finis punctorum.

[3] Minor pausa valet tertiam partem unius temporis, et tertiam partem unius spatii continet. [4] Maior pausa valet duas partes unius temporis, et duas partes *unius* spatii continet. [5] Recta brevis pausa est quae valet unam rectam brevem, et unum spatium continet. [6] Imperfecta pausa est quae valet duo tempora, et duo spatia continet. [7] Perfecta pausa est quae valet tria tempora, et tria spatia continet. [8] Ultima pausa est finis punctorum et immensurabilis; et omnia exempla patent hic:

Ex. 35 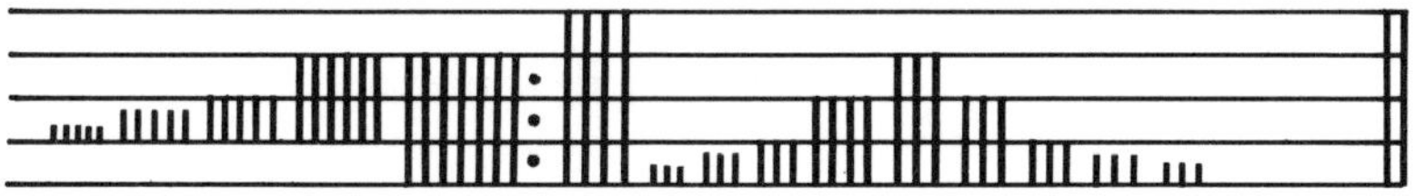

/17 cum est *ms/* /*Ex. 33 vacat ms/* /18 hoc: hic *ms/* /*Ex. 34: tractus ascendens secundae ligaturae om ms/*

3: 5 brevem: -am *ms/*

Capitulum 4
De modis
P 124

[1]Modi secundum magistrum Franconem sunt quinque, licet sint plures apud antiquos. [2]Primus procedit ex omnibus longis, et ex longa et brevi, ut hic:

Ex. 36

[3]Secundus procedit ex una brevi et alia longa, ut hic:

Ex. 37

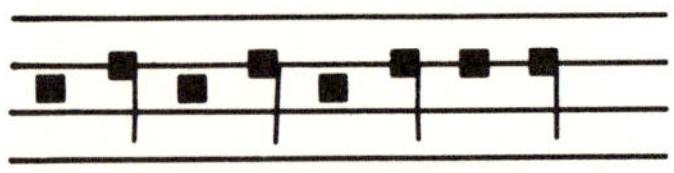

[4]Tertius modus procedit ex una longa et duabus brevibus, ut hic:

Ex. 38

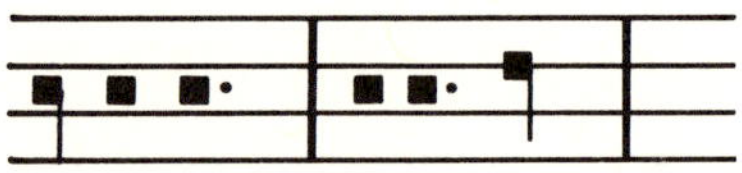

[5]Quartus modus procedit ex duabus brevibus et una longa:

Ex. 39

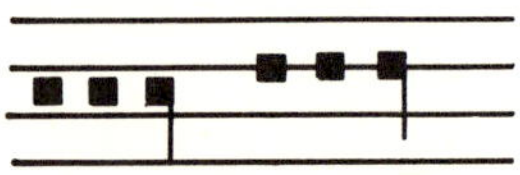

[6]Quintus modus procedit ex omnibus brevibus et semibrevibus, ut patet hic exemplum:

Ex. 40

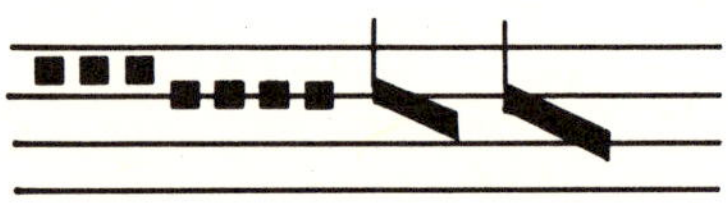

Exempla ligaturarum

[1]Ligatur*ae* unius temporis per oppositam proprietatem:

Ex. 41

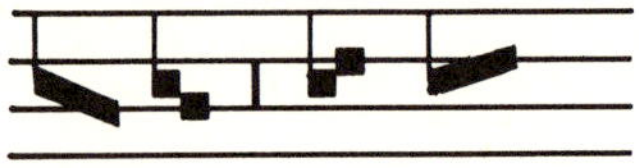

4: Ex. 37: notae 1 et 2, 3 et 4, 5 et 6 ligatae ms/

[2] Ligatur*ae* duorum temporum imperfectorum, ut hic apparet exemplum:

Ex. 42

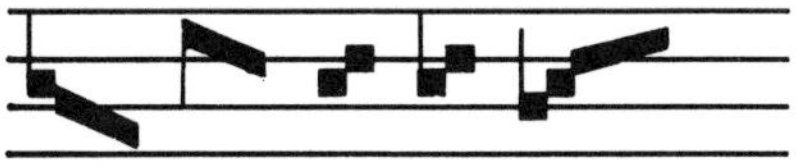

[3] Ligatur*ae* trium temporum secundum quinque modos; apparet hic exemplum inferius:

Ex. 43

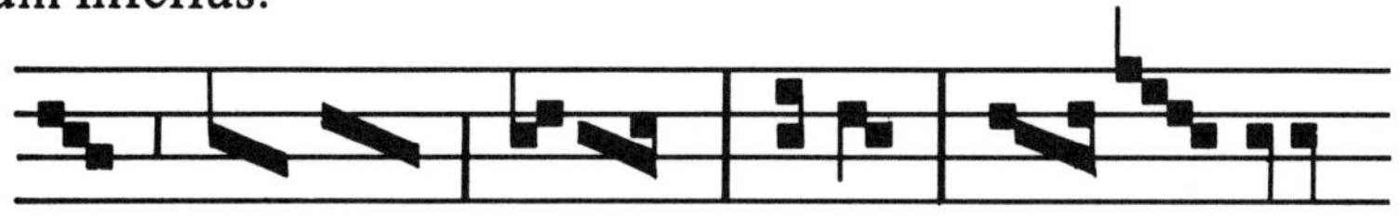

[4] Explicit abreviatio magistri Franconis edita a Johanne dicto Baloce.

Exempla ligaturarum: 2 exemplum superius *ms/ /Ex. 43: duae pausae breves pro pausa longa perfecta ms (bis) /*

ANONYMUS
COMPENDIUM MUSICAE MENSURABILIS
ARTIS ANTIQUAE

(Ms Saint-Dié, Bibl. Municipale, 42)

INTRODUCTION

This treatise is one of two beginning with the words *Gaudent brevitate moderni* in the 15th century manuscript Saint-Dié 42. Both were edited by Coussemaker as Anon. II (part 1) und III of CS I.[1] The present work is Coussemaker's Anon. III, and in spite of its obviously close relationship to Anon. II (part 1), is clearly a distinct treatise. Although these abbreviations of Franco's mensural theory were common enough from c. 1300 to 1500, it is unusual to find two in the same source, which also contains the complete *Ars cantus mensurabilis.*[2] The origins of the Saint-Dié ms have not been investigated, but it contains nothing but music theory and was copied by a monk called Jordanus of Blankenburg.[3] It reveals a knowledge of Italian as well as French theory, and has links with German sources.[4] Jordanus gives us some useful biographical details about Franco, if they can be relied on, in view of the fact that Jordanus lived some 150 years after Franco. At all events, he says that Franco was chaplain to the Pope as well as a preceptor at the hospital of St. John of Jerusalem in Cologne.[5] The last treatise in the manuscript, a short one on proportions, is also attributed to Franco, who is called a Dominican there.[6]

The present compendium is not as reliable generally as Anon. II (part 1), and is unusual in omitting the short chapter on rests. The musical examples in the final chapter on the rhythmic modes do not give correct pitches, and are a different batch from those in Anon. II.[7]

[1] Pp. 303–307 and 319–324.

[2] Fol. 43v–53v. New edition by G. Reaney and A. Gilles as CSM 18 (1974).

[3] According to notes at the end of Marchetus of Padua's *Lucidarium* (f. 33v) and the tonary attributed here to Odo (f. 106v). The tonary was published in CS II, 117 ff.

[4] For instance, two treatises on proportions are found in German mss, one at Berlin and one in Regensburg (cf. RISM B III^1, 133).

[5] Fol. 53v.

[6] Fol. 131.

[7] Cf. CS I, 307. It is noteworthy that the version of the treatise found in the Munich ms, Staatsbibliothek, Clm. 5539, f. 24–27, contains exactly the same examples as Anon. II. Such

Similarly, there are a number of examples missing altogether,[8] while others do not correctly represent the text preceding.[9] Nevertheless, this particular version of *Gaudent brevitate moderni* goes into more detail than some others on ligatures. It uses the word *"valor"* frequently when clarifying the principal values of the various types of ligature,[10] and has many more examples of ligatures than Anon. 2, for instance. As in the *Abreviatio* of Johannes dictus Balloce,[11] the rhythmic modes are specifically attributed to Franco, though Johannes mentions that the ancients had more than five,[12] as does Anon. 2.[13] The motet examples illustrating the modes include the Triplum *Virginale decus et presidium*, which otherwise is only cited by the Erfurt Anon.[14] and the new source Vienna 5003.[15] Also, as Ludwig pointed out,[16] there is no example illustrating the first mode (Garlandia's fifth) as a series of longs.

THE MANUSCRIPT

Saint-Dié, Bibliothèque Municipale, 42 *S*
(Description in CSM 30, pp. 46–49)

a concordance seems to be unique, though the Munich text is also extremely close to Anon. II.

[8]Exx. 16–18, 27, and 33.

[9]Exx. 23 and 28.

[10]*2*: 7, 9 and 21.

[11]*4*: 1.

[12]*3*: 1.

[13]CS I, 307.

[14]J. Handschin, 'Erfordensia', *Acta Musicologica* 6 (1934), 104.

[15]Cf. p. 53.

[16]F. Ludwig, 'Die Quellen der Motetten ältesten Stils', *Archiv für Musikwissenschaft* 5 (1923), 292.

⟨COMPENDIUM MUSICAE MENSURABILIS ARTIS ANTIQUAE⟩

Capitulum 1

De simplicibus figuris

S 54

1 *G*audent brevitate moderni. 2 Quandocumque nota quadrata vel punctus quadratus invenitur, quod idem est, habens tractum a parte dextra descendente, longa vocatur, ut hic:

Ex. 1

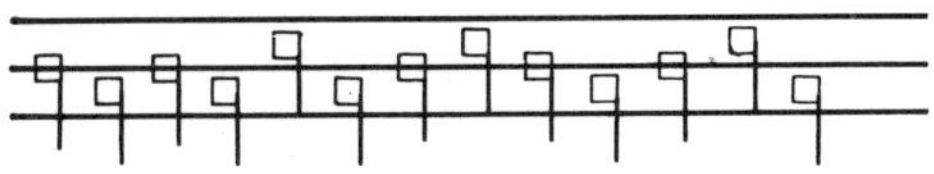

3 Si autem pr*a*edicta careat omni tractu, brevis dicitur, ut hic:

Ex. 2

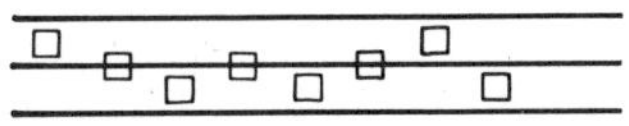

4 Brevis plica ascendens, vel descendens, sic formatur:

Ex. 3

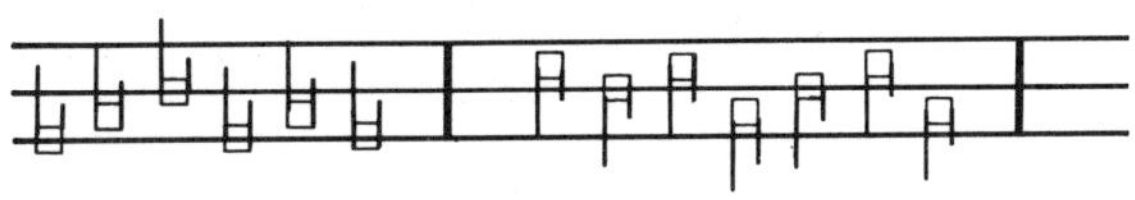

5 Semibrevis vero sic formatur, et plicari non potest, ut hic:

Ex. 4

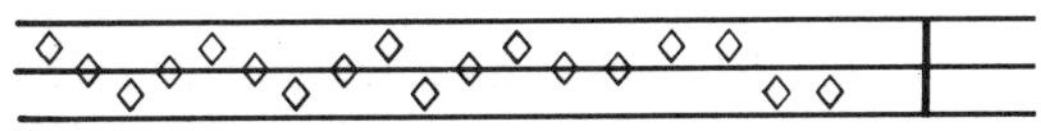

6 nisi quando tres supra unam syllabam ordinantur, ut hic:

Ex. 5

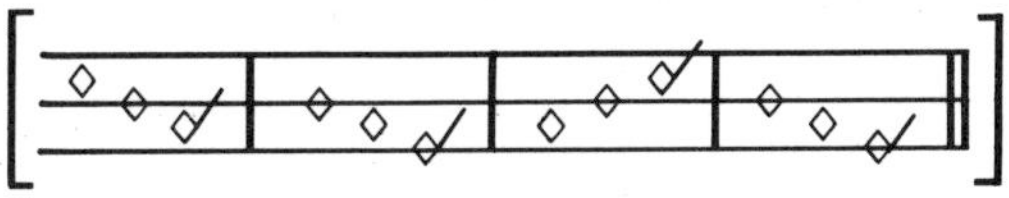

7 Longa plica ascendens, vel descendens, formatur sic:

Ex. 6

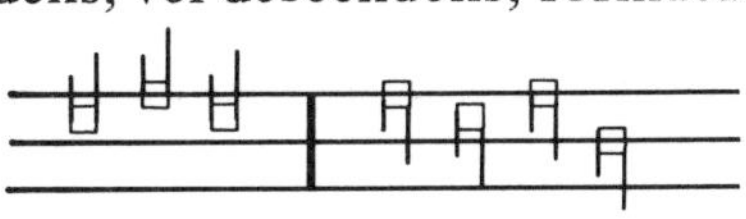

1: 2 parte: per- *ms*/

8 Duplex longa formatur sic, ut hic:

Ex. 7

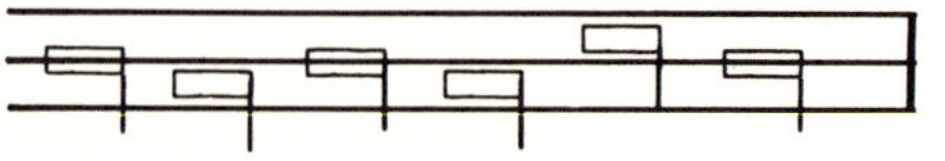

9 Longa ante longam valet tria tempora, ut hic:

Ex. 8

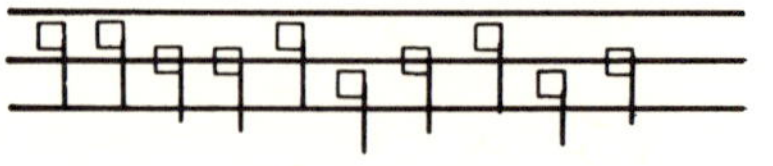

10 Longa perfecta vocatur trium temporum, ut hic:

Ex. 9

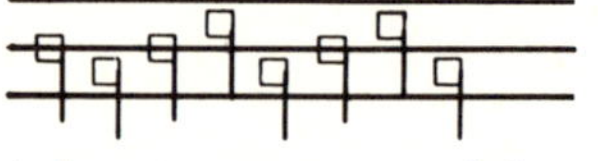

11 Longa imperfecta valet duo tempora, ut hic:

Ex. 10

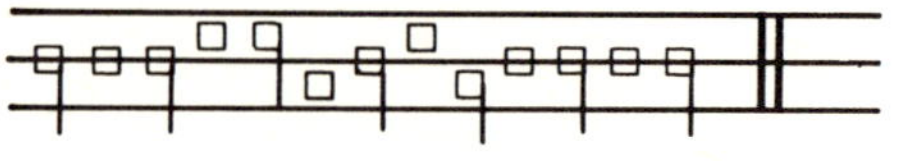

12 Duplex longa valet sex tempora, ut hic:

Ex. 11

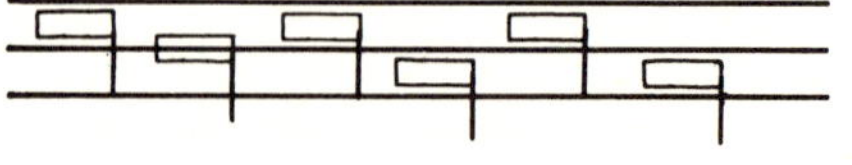

13 Quandocumque sola brevis vel valor unius brevis p*ra*ecedit longam, imperficit ipsam; id est, aufertur ei unum tempus, ut hic:

Ex. 12

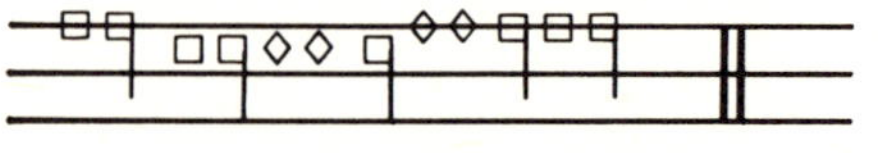

14 nisi per divisionem modi aliter distinguatur, ut hic:

Ex. 13

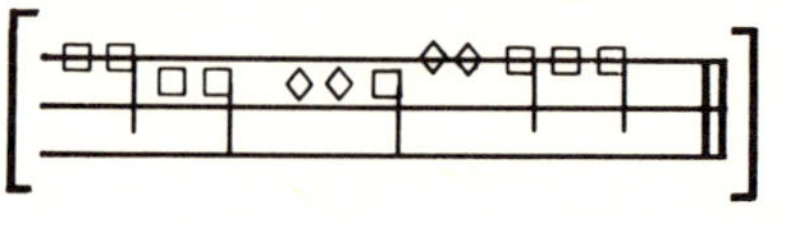

15 Si autem sola brevis vel valor sequitur longam, inperficit illam, ut hic:

Ex. 14

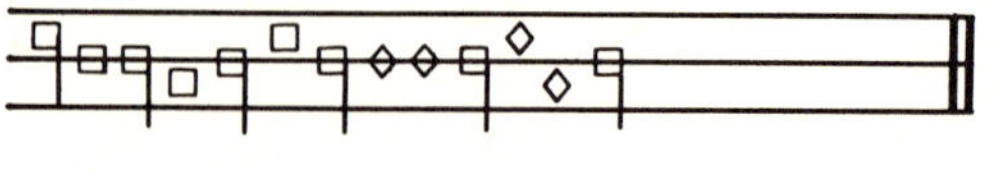

[16]nisi per divisionem modi aliter distinguatur, ut hic:

Ex. 15

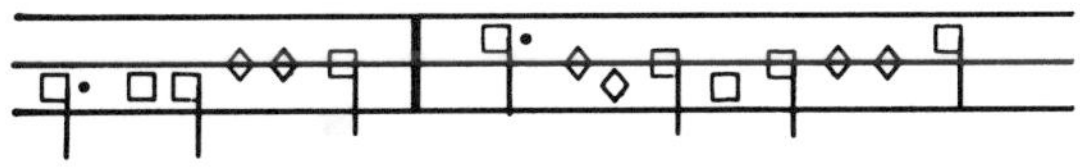

[17]Tunc prima longa habet tria tempora, brevis vero sequens inperficit longam sequentem.

[18]Omnes breves sunt *ae*quales, nisi tribus modis. [19]Primus talis est: quandocunque inter duas longas du*ae* breves inveniuntur, ut hic:

Ex. 16

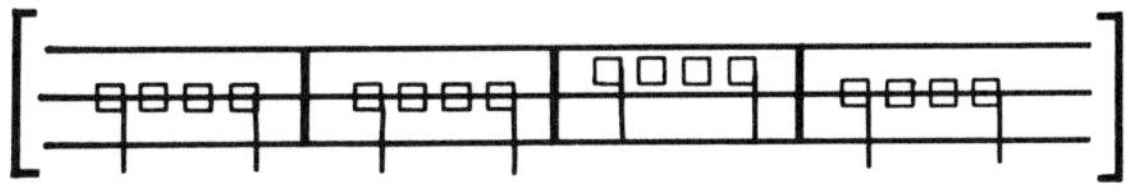

vel du*ae* semibreves, ut hic:

Ex. 17

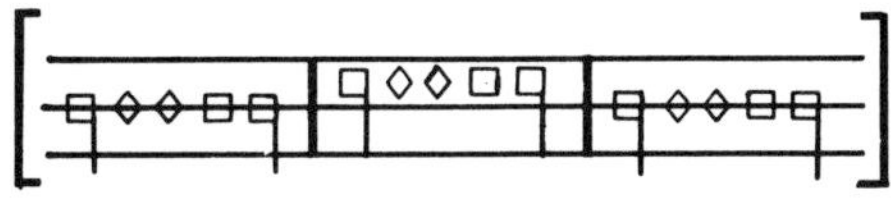

vel tres semibreves, ut hic:

Ex. 18

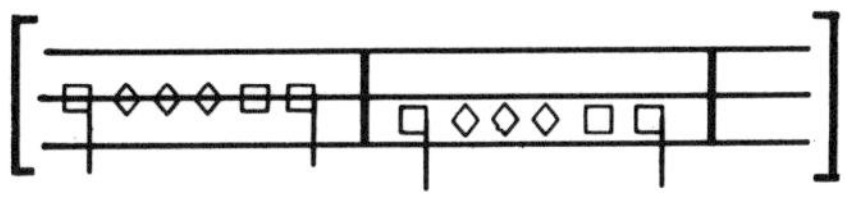

[20]tunc prima brevis vel valor prim*ae* brevis habet unum tempus, et dicitur recta brevis. [21]Secunda vero habet duo tempora, et vocatur altera brevis. [22]Longa autem prima erit perfecta, nisi sola brevis vel valor eam pr*ae*cedat.[23]Et ultima longa erit perfecta, nisi sola brevis vel valor unius brevis eam sequatur, ut hic:

Ex. 19

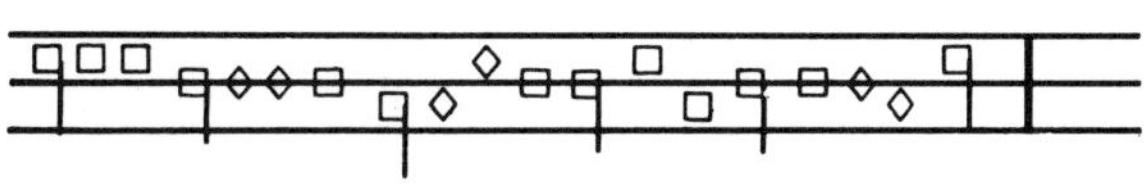

nisi per divisionem modi aliter distinguatur, ut hic:

Ex. 20

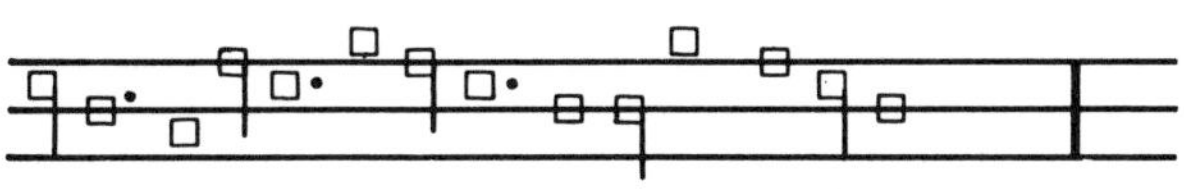

/Exx. 16, 17 et 18 vacant ms/

[24]Tunc amb*ae* erunt *a*equales, et prima brevis inperficit primam longam, secunda vero ultimam.

[25] Secunda regula talis est: quandocunque tres breves inveniuntur inter duas longas, praedict*ae* breves erunt *a*equales. [26]Prima longa erit trium temporum, nisi sola brevis eam pr*a*ecedat vel valor; et ultima longa erit perfecta, nisi sola brevis vel valor ipsam sequatur, ut hic:

Ex. 21

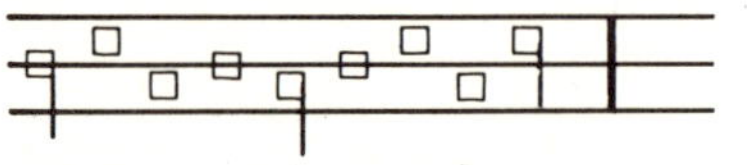

nisi per divisionem modi aliter distinguatur, ut hic:

Ex. 22

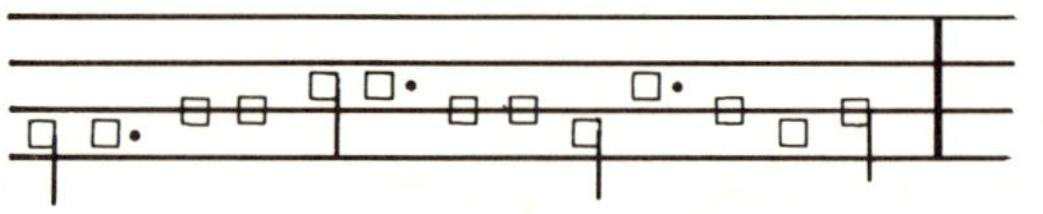

[27]Tunc prima longa imperficitur a brevi sequenti, media autem brevis habet unum tempus, tertia vero duo et erit altera brevis; ultima autem longa erit perfecta.

[28] Tertia regula talis est: quandocunque plures breves quam tres inveniuntur inter duas longas, vel etiam si*ne* prima longa, *ita quod tantum ultima* longa maneat, computentur tres et tres semper pro perfectione. [29]Et si in fine etiam du*ae* breves remaneant, tunc ultima brevis erit altera brevis duorum temporum, ut hic:

Ex. 23

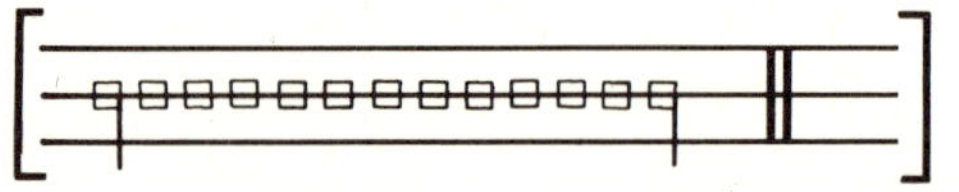

[30]Quandocunque du*ae* semibreves inter duas longas vel breves, vel brevem et longam, vel e converso inveniuntur, prima semibrevis habet unum tempus semibreve, secunda vero duo tempora semibrevia, ut hic:

/28 sine: si *ms*; ita . . . ultima *om ms*/

/*Ex. 23:*

ms err./ /30 et: in *ms*/

Ex. 24

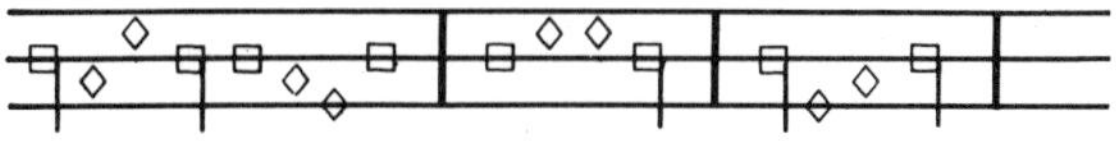

[31]Et vocatur prima minor, altera maior semibrevis; et sic faciunt unam brevem. [32]Si autem tres, omnes erunt *ae*quales, ut hic:

Ex. 25

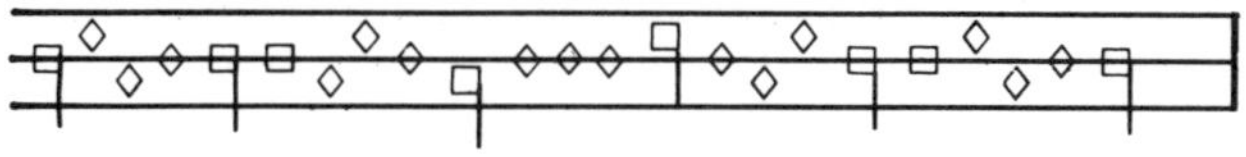

[33]Si autem quatuor, tunc semper du*ae* et du*ae* pro recta brevi computentur, ut hic:

Ex. 26

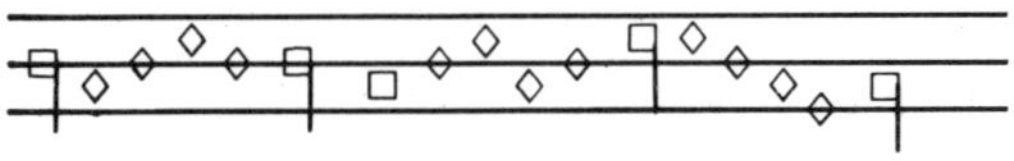

[34]Et est sciendum quod, quandocunque plures semibreves inveniuntur inter duas longas vel breves quam tres, omnes erunt in*ae*quales, nisi tres in fine remaneant: ill*ae* erunt *ae*quales. [35]Sed primo du*ae* et du*ae* semibreves semper pro recta brevi computentur; in fine autem, si tres remaneant, ill*ae* erunt *ae*quales, ut hic:

Ex. 27

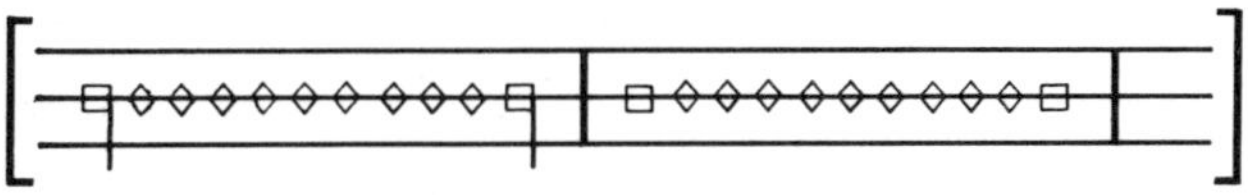

nisi per divisionem modi aliter distinguatur, ut hic:

Ex. 28

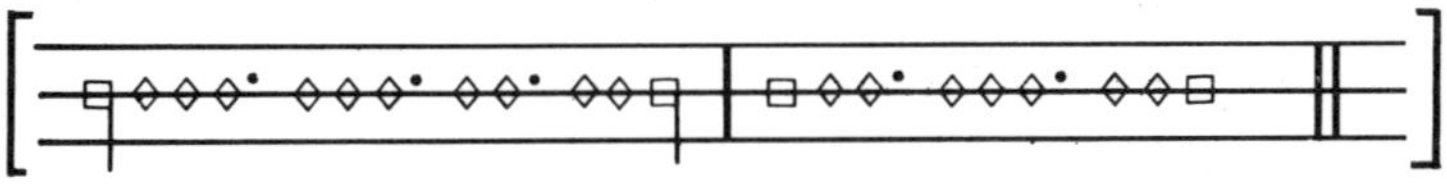

Capitulum 2
De figuris ligatis
S 55

[1]Ligatura descendens est quandocunque primus punctus altior est secundo. [2]Et primus habet tractum a parte sinistra descendentem,

/Ex. 27 vacat ms/

/Ex. 28:

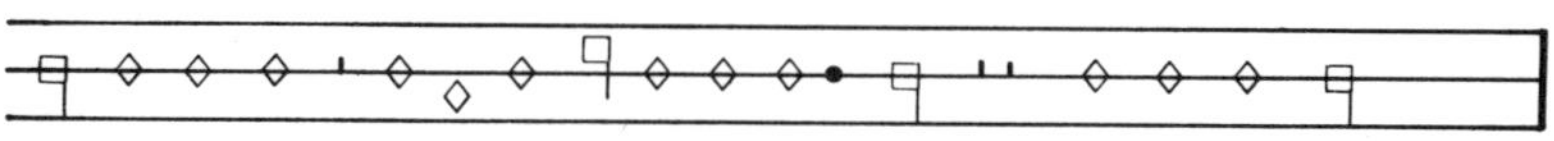

ms err./

cum proprietate dicitur, ut hic:

Ex. 29

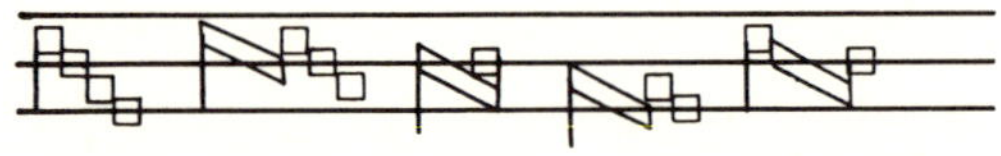

[3] Ascendens vero est quandocunque secundus punctus altior est primo. [4] Et primus punctus careat omni tractu, cum proprietate dicitur, ut hic:

Ex. 30

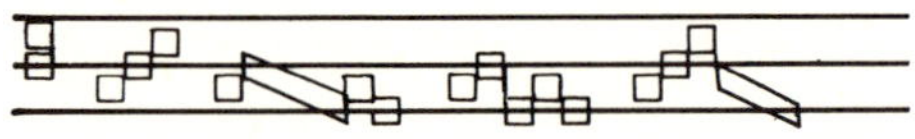

[5] Quandocunque secundus punctus altior primo, et primus punctus caret omni tractu, cum proprietate dicitur, ut hic:

Ex. 31

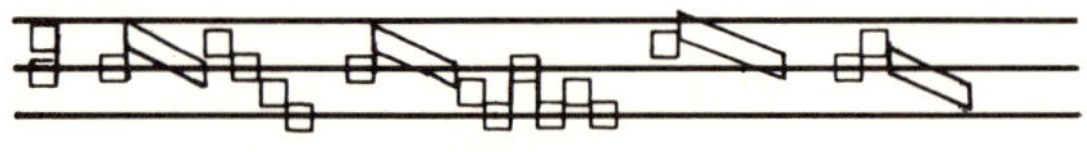

[6] Quandocunque primus punctus altior est secundo, habens tractum a parte sinistra descendentem, cum proprietate dicitur, ut hic:

Ex. 32

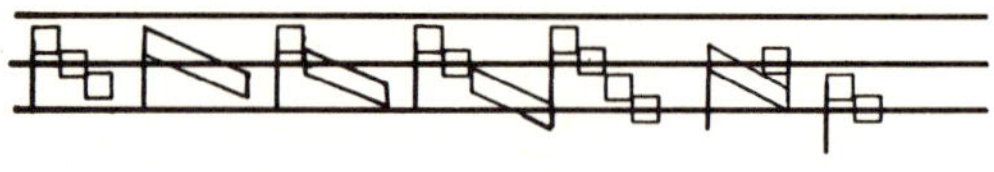

[7] Valor: omnis ligatura cum proprietate, prima brevis est.

[8] Quandocunque secundus punctus altior est primo, et primus punctus tractum habet ex parte dextra descendentem, sine proprietate dicitur, ut hic:

Ex. 33

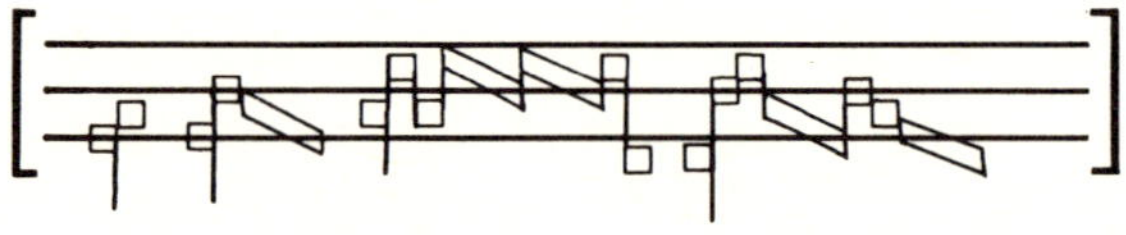

[9] Valor: omnis ligatura sine proprietate, prima longa dicitur. [10] Et vocatur sine proprietate quando primus punctus sine aliquo tractu

2: Ex. 32: pausa longa imperfecta ante ultimam ligaturam ms/   /Ex. 33 vacat ms/

ligatur*ae*, cuius secundus punctus descendit sic:

Ex. 34

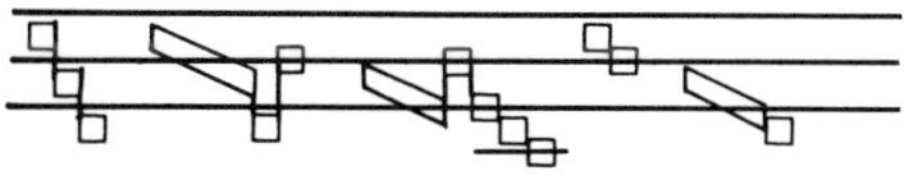

[11] Vel quando primus punctus invenitur habens tractum descendentem ad dexteram partem ligatur*ae*, cuius secundus punctus est altior primo, ut hic:

Ex. 35

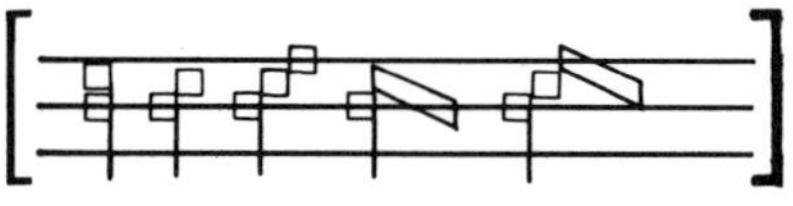

[12] Opposita proprietas est quandocunque in primo punctu ligatur*ae* ascendentis vel descendentis tractus ascendens vel descendens invenitur, ut hic patet:

Ex. 36

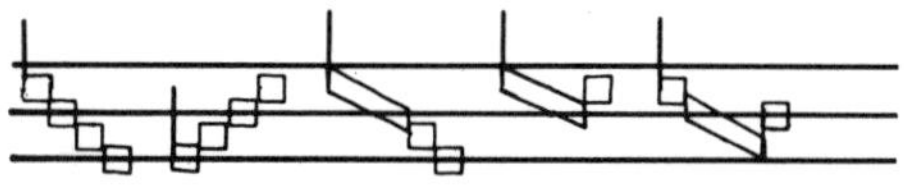

[13] Omnis opposita proprietas signum est semibrevitatis duarum; id est, du*ae* prim*ae* sunt semibreves.

[14] Quandocunque ultimus punctus quadratus iacet supra penultimum, cum perfectione trium temporum dicitur, ut hic patet:

Ex. 37

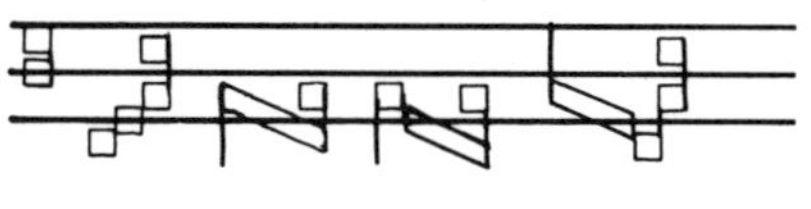

[15] In ligatura descendente, quandocunque in fine ligatur*ae* punctus quadratus invenitur, cum perfectione dicitur, ut hic patet:

Ex. 38

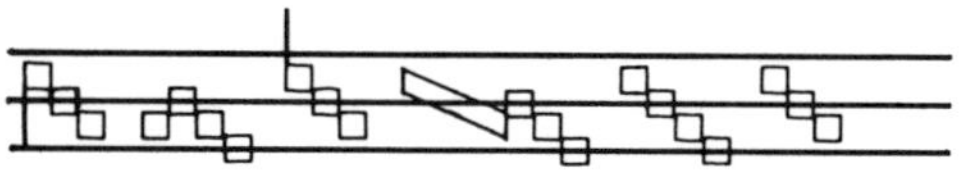

/*Ex. 35:* 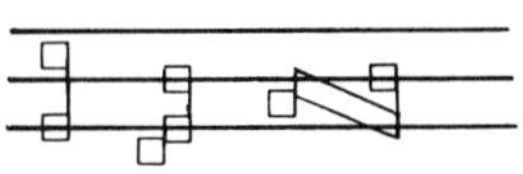 *ms err.*/ /14 supra penultimum: sub penultimo *ms*/

[16]Omnis perfectio longa. [17]Et vocatur perfectio quando ultimus punctus est quadratus in ligatura, cuius ultimus punctus descendit, ut hic patet:

Ex. 39

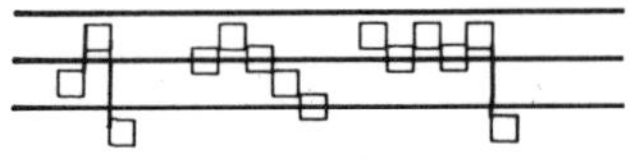

[18]Vel quando ultimus punctus est directe supra penultimum, perfecta vocatur, ut hic patet:

Ex. 40

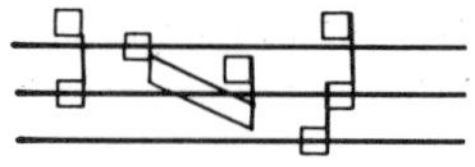

[19]Quandocunque ultimus punctus stat obliquo supra penultimum, inperfecta vocatur, ut hic patet:

Ex. 41

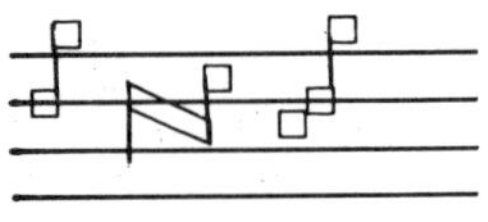

[20]Omnis inperfecta brevis. [21]Sequitur valor: et vocatur imperfecta quando ultimus punctus alicuius ligatur*ae* trahitur ab obliquo in ligatura cuius ultimus punctus descendit sic:

Ex. 42

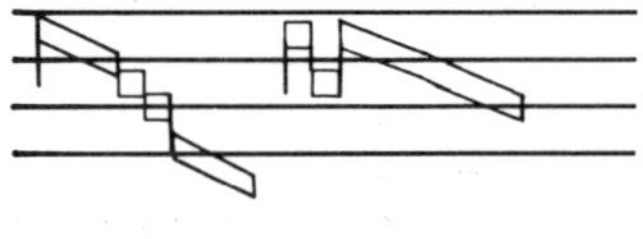

[22]Vel quando ultimus punctus non est directe supra penultimum in ligatura cuius penultimus punctus ascendit, ut hic patet:

Ex. 43

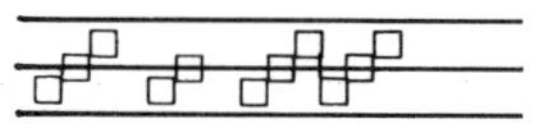

[23]Item nota quod plures semibreves quam du*ae* non possunt per se stare ligat*ae*, ut hic:

Ex. 44

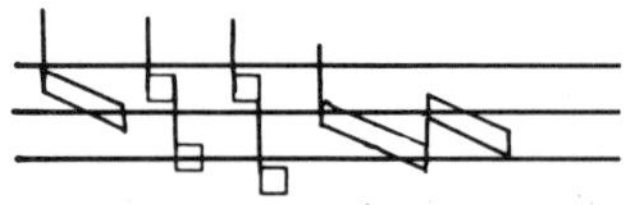

[24]Omnes not*ae* *mediae* breves, nisi per oppositam proprietatem deffendantur; et tunc medi*ae* erunt semibreves, ut hic patet:

Ex. 45

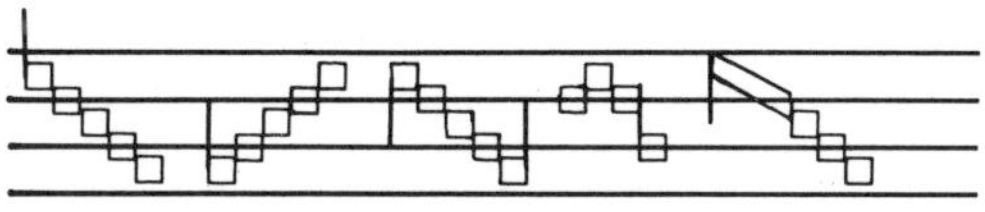

[25] Ratio talis est, quia nulla semibrevis sola esse potest.

[26]Quandocunque punctus quadratus *descendens* in fine ligatur*ae* plicatur ascendendo vel descendendo, pro longa cantatur, ut hic:

Ex. 46

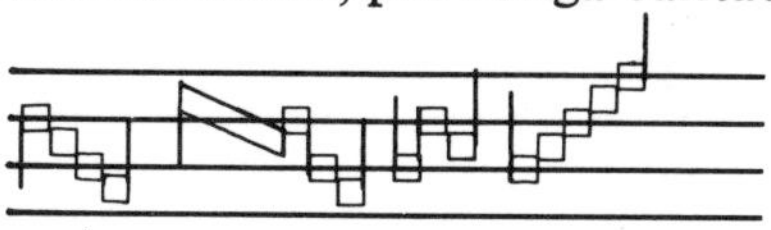

[27]Quandocunque du*ae* not*ae* in uno corpore obliquo in fine ligatur*ae* ascendentis vel descendentis inveniuntur plicat*ae*, ultima pro brevi dicitur, ut hic patet:

Ex. 47

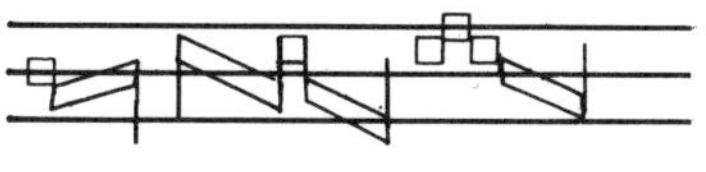

Capitulum 3
De modis
S 56v

[1]Quinque sunt modi secundum magistrum Franconem, quorum primus constat ex una longa et altera brevi, vel ex omnibus longis, ut hic patet:

Ex. 48

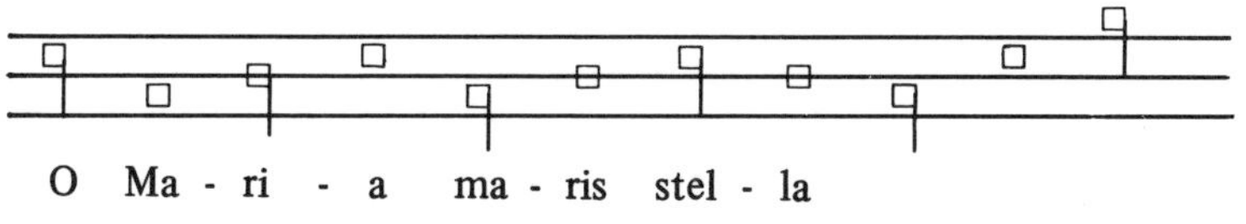

/24 medie *om ms/ /Ex. 45: tractus ascendens primae et secundae ligaturae om ms/ /Ex. 46: ultima nota primae ligaturae ascendens ms/*
3: cantus omnium exemplorum err. ms/ /Ex. 48: Maria: Maia *ms/*

2 Secundus constat ex brevi una et altera longa, ut hic:

Ex. 49

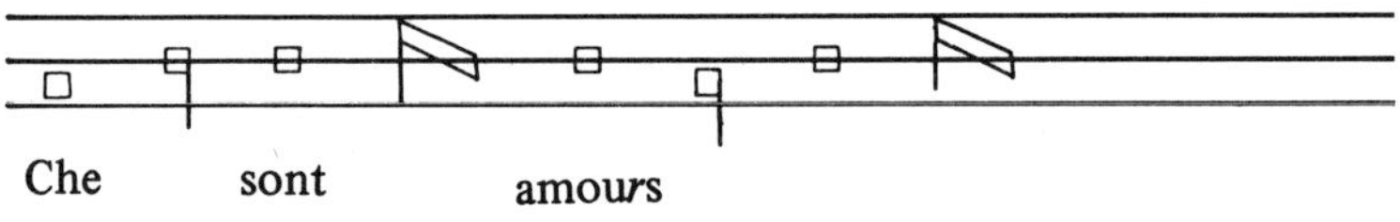

3 Tertius constat ex una longa et duabus brevibus, ut hic patet:

Ex. 50

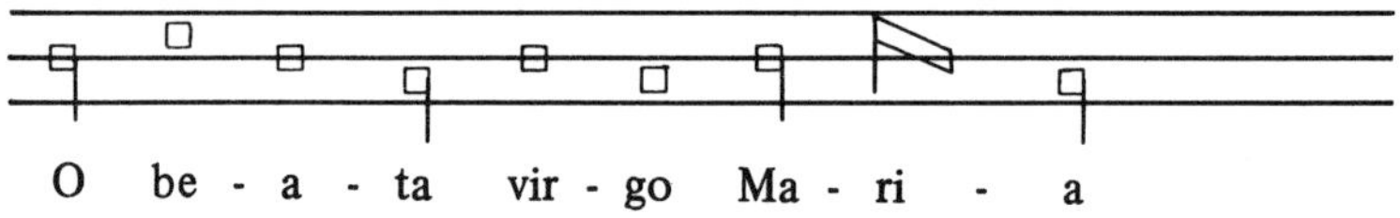

4 Quartus constat ex duabus brevibus et altera longa, ut hic:

Ex. 51

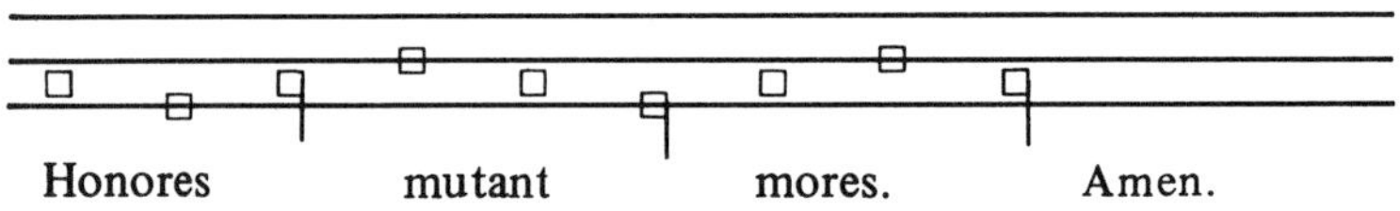

5 Quintus constat ex omnibus brevibus et semibrevibus, ut hic patet:

Ex. 52

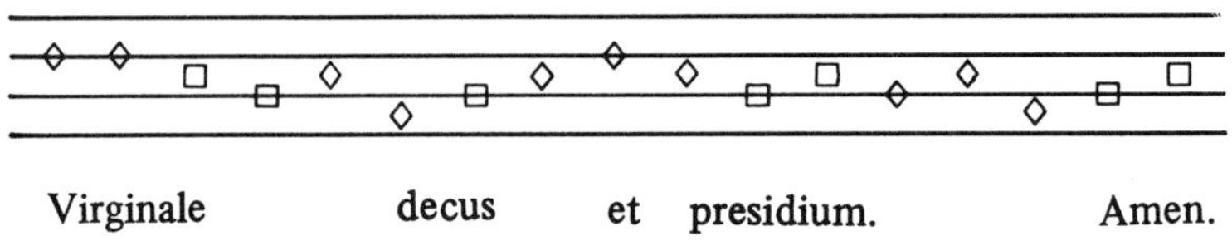

/*Ex. 49:* amours: amous *ms*/

MUSICAL REFERENCES*

3: Ex. 48. Motetus part of the motet *O Maria, virgo davitica – O Maria, maris stella* – T. *Veritatem.* The work is also cited by the *Discantus positio vulgaris,* Petrus Picardus, the *De arte discantandi* of CoussH (Doc. V), Robert de Handlo, the Erfurt Anon. and Anon. IX of CS III. GennrichB. no. 448.

Ex. 49. Motetus part of the motet *Diex, ou porrai je trouver merci – Che sont amouretes* – T. *Omnes.* It is also cited by the Anon. of St. Emmeram and the Anon. dictus Theodoricus de Campo. GennrichB, no. 32.

Ex. 50. Possibly intended to be the Motetus *O beata virgo Maria,* as suggested by Ludwig (*Archiv für Musikwissenschaft* V (1923), 292). This work has the Triplum *Tu decus es decoris* and the T. *Nostrum.* It is cited by the *Discantus positio vulgaris,* Petrus Picardus, Lambertus, the Anon. *Ars musicae mensurabilis secundum Franconem* (CSM 15), and the Erfurt Anon. GennrichB, no. 224.

Ex. 51. A Motetus part which does not seem to have survived. It is also quoted by the writers of such parallel anonymous treatises as the Anon. II of CS I, the *De arte discantandi* of CoussH, the *Ars musicae mensurabilis secundum Franconem* (CSM 15), the *Gaudent brevitate moderni* of Munich, Staatsbibl. 5539, f. 24–27, and the similar work in Pavia, Bibl. Univ., Aldini 361, f. 65v. It also occurs in the Oxford ms of Franco of Cologne's *Ars cantus mensurabilis* (Bodleian Library, Bodley 842, f. 52). GennrichB, no. 1145.

Ex. 52. The Triplum of the motet *Virginale decus et presidium – Descendi in ortum meum* – T. *Alma.* The composition is also cited by the Erfurt Anon. and in the new Viennese version of *Gaudent brevitate moderni* on p. 53 of the present volume. GennrichB, no. 769.

* (For full identification of motet sources, see the indices to RISM B IV$^{1-2}$)

ANONYMUS

COMPENDIUM MUSICAE MENSURABILIS ARTIS ANTIQUAE

(Wien, Nationalbibliothek, Codex 5003)

INTRODUCTION (Wn–I)

The significance of Franconian and post-Franconian mensural compendia may be discerned within the context of the theoretical heritage of Franco of Cologne and Petrus de Cruce. Moreover, the significant, cachet-like title "Gaudent brevitate moderni" is common to them both. Along with the elaborate, traditional verbalization of the *Regulae artis,* [1] Franco of Cologne's epoch-making opus [2] and what I feel are Petrus de Cruce's anonymously bequeathed mensural-theoretical comments [3] advance markedly in the direction of *usus.* In "Ars cantus mensurabilis", ca. 1280, [4] the mensural notation of the period immediately before 1300 occurs for the first time in a discernible, systematic form. As far as one can determine today, Franco, at the most, divided the brevis into three parts, while it was left to Petrus de Cruce to modify Franco's achievements by determining the smaller values of the brevis.

For an assessment of the importance of post-Franconian theory, not only to the development of the French "Ars nova", but to that of the early Trecento period as well, I must refer to my dissertation,[5] in which I trust I have been reasonably successful in demonstrating the innovations bringing about a new dimension in the mensural notation of that period.

A more detailed discussion can be found in my article "Ein Abbreviationstraktat . . ." [6]. The major aspect of the brevis division

[1]For example: G. Vecchi, ed.: *Marcheti de Padua Pomerium.* CSM 6, AIM, Rome 1961; R. Bragard, ed.: *Jacobi Leodiensis Speculum Musicae.* CSM 3, vol. 7, AIM, Rome 1973.

[2]G. Reaney and A. Gilles, eds.: CSM 18, Rome 1974.

[3]G. Reaney and A. Gilles, eds.: CSM 15/2, Rome 1971.

[4]W. Frobenius: "Zur Datierung von Francos 'Ars cantus mensurabilis' ", in *Archiv für Musikwissenschaft* 27 (1970), pp. 122–127.

[5]H. Ristory: *Studien zur Problematik des notationstechnischen Einflusses der Neuerungen des Petrus de Cruce auf die Mensuralnotenschrift des Frühtrecento.* Ph. D. Diss., Wien 1980. 2 vols.

[6]H. Ristory: "Ein Abbreviationstraktat der post-franconischen Mensurallehre im Codex Vind. 5003 der Österr. Nationalbibliothek".

is without doubt its apportionment into "septem partes aequales", which superficially still retain the form of semibreves. That in this case mutually equal values are being considered is irrevocably clear when considered in the light of the Conclusio nona in Johannes de Muris' "Notitia Artis Musicae"[7] and pertinent sections of the Liber septimus in Jacobus Leodiensis' "Speculum Musicae".[8] Those "frangentes",[9] mathematically considered, represent an incursion into the "prolatio" realm of the French "Ars nova", and were to become an important criterion in Franconian compendia. Conceivably the course of development immediately after Petrus de Cruce[10] brought about further fragmentation, which ultimately led to the "novem partes aequales".[11]

In the opinion of L. Mezey † (Univ. of Budapest), the copyist of the post-Franconian abbreviation treatise under discussion had, in all probability, been exposed to either French or Italian influence. In this particular case, the notator, who might also have been the copyist as well, took no particular pains, and the frequently careless writing found in this example makes a correct reading very difficult.

The description here of the "simplices" reveals no unusual features, though in regard to the "divisio modi" the Faenza Manuscript uses dots, ". . . ille parvulus punctus, qui divisio modi vocatur . . .,"[12] whereas in our source the older form of a small, vertical stroke has been employed. All abbreviated versions of the mensural theory of the "Ars vetus" omit, when determining ligatures, the well known

[7] U. Michels, ed.: *Johannis de Muris Notitia Artis Musicae.* CSM 17, AIM, Rome 1972, p. 104.

[8] R. Bragard, ed.: CSM 3, vol. 7, pp. 35–37.

[9] G. Reaney and A. Gilles, eds.: *Anonymus*, CSM 15/2, p. 43.

[10] Practical sources: the motets in Mo and Tu: cf. Y. Rokseth, ed.: *Les Polyphonies du XIIIe siècle;* le manuscrit H 196 de la Faculté de Médecine de Montpellier, vol. I, Paris 1935, (Fasc. VII, fol. 273r.–275r.) and A. Auda, ed.: Les *"Motets Wallons" du manuscrit de Turin: Vari 42,* Bruxelles 1953 (fol. 14r.–15v.). 2 vols.

[11] F. A. Gallo, ed.: Anonymus, *Compendium . . .*, CSM 15/3, p. 68 f.

[12] F. A. Gallo, ed.: Anonymus, *Compendium . . .*, CSM 15/3, p. 67.

definition found in Franco of Cologne's "Ars cantus mensurabilis;"[13] only the concept of "proprietas" and "perfectio" are included in the texts. The Faenza version[14] demonstrates this technical terminology solely in practice, whereas the Viennese source operates expressly with "cum . . ." and "sine proprietate."[15] The "proprietas opposita" is defined with classical understanding and one can discern minimal deviation in ligature endings due to the absence of a "perfectio" concept; in this instance, "sine perfectione" is made clear by the term "imperfectio."[16]

The description of the "pausae" and "modi" reveals virtually total accord with Franconian theory; moreover, the Viennese interpretation includes the "divisio modi" stroke, i. e., the "signum perfectionis" in the repertory of rests.[17] The remaining rests reflect the values of the semibrevis minor, semibrevis maior, brevis, and the perfect and imperfect longa. The "finis punctorum" symbol, whose value is not fixed, is included as well.

Finally, even the smallest mensural values of the Viennese compendium are deserving of consideration. F. A. Gallo's edition of a "Gaudent brevitate moderni" treatise[18] refers unequivocally but very late to the mensural-theoretical remarks of Petrus de Cruce, Franco's innovator; one can read: ". . . secundum magistrum Petrum de Cruce pro recta brevi non possunt de iure poni preter septem semibreves . . .". The variation found in Codex 5003 demonstrates, in my opinion, remarkable similarity to that found in the text of the "Ars musicae mensurabilis secundum Franconem,"[19] and the Petronian heritage in regard to the smallest note-values has been absorbed

[13] G. Reaney and A. Gilles, eds.: CSM 18, p. 43.

[14] F. A. Gallo, ed.: Anonymus, *Compendium . . .*, CSM 15/3, p. 69 f.

[15] Edition, p. 53f.

[16] *Ibid*, p. 54.

[17] Edition, p. 57f.

[18] F. A. Gallo, ed.: Anonymus, *Compendium . . .*, CSM 15/3, p. 69.

[19] G. Reaney and A. Gilles, eds.: CSM 15/2, p. 42f.

in this "Gaudent brevitate moderni" source, as the reader can assess:[20] "Et notandum quod divisio modi quandoque ponitur inter duas et tres, et tres et quatuor, et tres et quinque, et quatuor et sex, et quotquot inveniuntur inter divisionem modi usque ad numerum pr*a*edictum pro uno tempore computentur". The following facsimile[21] should illustrate this truly important section.

As in what I consider to be Petrus de Cruce's anonymously handed-down treatise,[22] the language employed here does not expressly refer to "partes aequales". However, as has already been demonstrated in another instance, the equality of the smallest note-values represents a major characteristic of the "Ars veterum", as well as forming the bases of those regional variants evident throughout the further development of mensural notation in subsequent years.

At this time I must express my personal indebtedness and profound thanks to all individuals[23] whose generous and unremitting assistance have made this publication possible.

The subject of this discussion, a compendium of Franconian mensural theory, probably written before 1400 in Mondsee, which also takes into account the innovations of the post-Franconian "Ars vetus", is as I see it, a valuable source which reflects the cumulative European tradition of music paleography in a somewhat more complex light.

[20] Edition, p. 53.

[21] Cod. Vind. 5003, fol. 201v ('frangentes' section).

[22] G. Reaney and A. Gilles, eds.: Anonymus, *Ars musicae mensurabilis secundum Franconem.*

[23] In particular, I would like to acknowledge the assistance and encouragement given me by Prof. Dr. F. A. Gallo of the University of Bologna, Prof. Dr. L. Mezey † of the University of Budapest, and Prof. G. Reaney of the University of California, Los Angeles. I must also extend my gratitude to the personnel of the Manuscript collection of the Austrian National Library for their tireless assistance and cooperation, as well as to Mr Haiping Hu of UCLA for secretarial assistance.

THE MANUSCRIPT

The text of the present edition is taken from the following source:[1]

Wn WIEN, Österreichische Nationalbibliothek, Codex Vind, 5003; s. XIV/XV, cod. chart., 4°, 216 Folia, 216 x 148 mm. *Olim:* Luneal. Q. 54.

This manuscript contains treatises and writings concerning astronomy, mathematics, medicine, grammar, theory of music, and ecclesiastical hymns in Latin or German.[2] The most interesting part of the source, which contains our treatise, is at the same time the oldest (fol. 187 ff.), and was probably written around 1400 in the monastery at Mondsee by various scribes.

General annotations relative to this manuscript can be found in the following publications: F. Unterkirchner: *Die datierten Handschriften der Österr. Nationalbibliothek von 1401–1450;* Katalog der datierten Handschriften in lateinischer Schrift in Österreich, vol. II, Wien–Köln–Graz 1971, p. 128;[3] H. Menhardt: *Verzeichnis der altdeutschen literarischen Handschriften der ÖNB,* vol. 2, Berlin 1961, p. 1088 f.[4] and *Tabulae.*[2]

For several verbal references I am indebted to Dr. Irblich of the Manuscript Collection of the National Library in Vienna.[5]

[1] To the best of my knowledge this is the first edition of this particular source.

[2] *Tabulae codicum manu scriptorum praeter Graecos et orientales in Bibliotheca Palatina Vindobonensi asservatorum,* Vol. IV, 2/3 (1869 sqq.; reprint: 3/4, 1965).

[3] "Sammelhs. m. astronom., math., med., grammatikal., musikal. Texten (lat., dt.). Papier, 216 ff., 216 x 148, Schriftspiegel und Zeilenzahl wechselnd, mehrere Schreiber. Originaleinband mit Streicheisenleisten, Schließe entfernt/ . . . /Datierungen, Lokalisierung, Schreibername: . . ./1425 (fol. 22v.)/Degenhardus Schonprunner/"Mannsee"/Vorbesitzer: Mondsee".

[4] "5003 (Lunael.Q.54): 14. Jh. (2.H.) u. 15. Jh. (1424/25), got. Eilschrift, . . ., 2. Hd. (18v.), . . ., Einb. 15. Jh.: Holzdeckel, weißes Leder, Diagonal- und Rahmenstriche eingepreßt. Auf dem Vorderdeckel außen Mondseer Titelschildchen des 15. Jh. . . ."

[5] E. Irblich: "Typisch rastrierter Ledereinband aus Mondsee; 2. Hälfte d. XV. Jhdts./Jüngerer Teil: 1. Hälfte d. XV. Jhdts., älterer Teil: vor oder um 1400 in Mondsee niedergeschrieben".

Fol. 1r–184v Non agunt de musica. Exceptio I (fol. 18v.): Tabula modorum (prothus, deuterus, tritus, tetrardus, etc.). Exceptio II (fol. 68r.): Sequentia de S. Ioanne.[2] Incip.: "O Sancte Johannes . . ." / Expl.:". . . sed tunc trecentum tollit Johannes". Doctrina hexachordi secundum Guidonem ("Ut queant laxis") sine notis musicis sive neumis.

Fol. 185r–186v Folia vacua.

Fol. 187r–188v Tractatus choralis cum notis musicis choralibus goticis (= Doctrina intervallorum secundum Hermannum Contractum). Incip.: "Expositio super ter terni (*Tabulae*: 'Expositio super concernere[2] id est tractatus de arte cantandi') . . . Ter terni, id est novem sunt modi . . ." Expl.: ". . . quas habent et inferiores" – Exempla (fol. 188r./v.); Principium verborum: "Ter terni sunt modi quibus omnis cantilena . . ."

Fontes pro comparatione: *Ameri Practica Artis Musicae,*[6] Rochester (N.Y.), Eastman School of Music, Sibley Music Library, Acc. 149.667 (*olim*: Admont, Ms 494), fol. 92v.;[7] Wien, ÖNB, Cod. 51, fol. 89v.; Wien, Cod. 2339, fol. 117v.; Wien, Cod. 2502, fol. 26v.; Wien, Cod. 2503, fol. 59r.; Wien, Cod. 4702, fol. 87r.; Wien, Cod. 4774, fol. 59r.;[8] Zwettl, Stiftsbibl., Cod. 328, fol. 84v. (GS II, p. 152).[9]

[6] C. Ruini, ed.: *Ameri Practica Artis Musicae (1271).* CSM 25, AIM, Rome 1977, p. 34 f.

[7] J. Smits van Waesberghe: *Musikerziehung. Lehre und Theorie der Musik im Mittelalter.* Musikgeschichte in Bildern, Bd. III, Lfg. 3, Leipzig 1969, p. 76 f.

[8] J. Smits van Waesberghe: *The Theory of Music.* From the Carolingian era up to 1400, vol. I. Répertoire international des sources musicales B III 1, München–Duisburg 1961, pp. 33–45.

[9] M. Gerbert, ed.: *Scriptores ecclesiastici de musica sacra potissimum.* Tomus II, St. Blasien 1784 sqq., p. 152.

Fol. 188v–192r	Tractatus choralis. Incip.: "Incipiunt regule tonorum musice artis . . . Musicus octo tonos ignorans . . . " Expl.: ". . . Tercius et quartus nec non octavus amant".
Fol. 192v–193r	Folia vacua.
Fol. 193v–194r	Explicatio terminorum theoriae musicae graecae (Proslambanomenos, Mese, Paramese, etc.) terminis usitatis. Incip.: "(P)rima chorda ut a gravibus ascendamus . . . " Expl.: ". . . coniunctarum appellatur".
Fol. 194v	Folium vacuum.
Fol. 195v–200r	Tractatus monodiae cum notis musicis choralibus goticis et notis musicis quadratis et neumis.[10] Incip.: "b.fa.♮. mi sunt due claves . . ." Expl.: ". . . in tonariis ubique invenietur".
Fol. 200r–202v	*Anonymus – Wn I:* Compendium musicae mensurabilis artis antiquae (= Abbreviatio magistri Franconis) cum titulo: GAUDENT BREVITATE MODERNI. Incip.: "Quandocumque nota quadrata vel punctus quadratus . . ." Expl.: ". . . Exempla de omnibus similibus: (Exempla pausarum)". Fontes pro comparatione: Bergamo, Bibl. Civica, 2/67 (Δ IV 30), fol. 256r.;[11] Faenza, Bibl. Comunale, Cod. 117, fol. 24 (23)r.;[12] Firenze, Bibl. Med. Laur., Plut. XXIX, 48, fol. 110v.;[13] Milano, Bibl. Ambrosiana, I. 20. inf., fol. 25v.;[14] Napoli, Bibl.

[10] *Tabulae codicum manu scriptorum . . .*, op. cit., ". . . alter tractatus de arte cantandi".

[11] P. Fischer: *The Theory of Music.* From the Carolingian era up to 1400, Vol. II – Italy. Répertoire international des sources musicales B III 2, München–Duisburg 1968, p. 21.

[12] *Ibid,* pp. 22–25.

[13] *Ibid,* pp. 36–41.

[14] *Ibid,* p. 57.

Nazionale, XVI A 15, fol. 1r.–4v.;[15] Paris, Bibl. nat., f. lat. 15128, fol. 123r.–124r.[16] Paris, Bibl. nat., f. lat. 15139, fol. 272r.;[17] Pavia, Bibl. Univ., Aldini 361, fol. 67v.;[18] Roma, Bibl. Vat., lat. 5320, fol. 80r.;[19] Saint Dié, Bibl. Municipale, Cod. 42, fol. 34r./fol. 54r.;[20] Siena, Bibl. Com. degli Intronati, L V 36, fol. 17r.;[21] Venezia, Bibl. Naz. di San Marco, lat. VIII/1 (= 3044), fol. 119v.–120r.[22]

Fol. 202v–204r *Anonymus – Wn II:* Tractatus artis antiquae cum explicatione mensurae binariae. Incip.: "Notandum est quod muteto vel conducto . . ." Expl.: ". . . sicut de omnibus hic patet: (Exempla pausarum)."[23]

Fol. 204v–208v Folia vacua.

Fol. 209r Sententiae germanicae et probationes calami.

Fol. 209v–210r Folia cum lineis rubeis, sed sine notis musicis.

Fol. 210v–216r Hymni ecclesiastici cum notis musicis choralibus goticis. Incip.: "Primum querite regnum Dei . . ."[24] Expl.: ". . . in secula seculorum. Amen".

Fol. 216v Folium vacuum.

[15] F. A. Gallo, ed.: *Petrus Picardus: Ars motettorum compilata breviter.* CSM 15/1, AIM, Rome 1971, p. 12.

[16] RISM, Vol. 1, pp. 120 f.

[17] *Ibid,* p. 122.

[18] RISM, Vol. 2, pp. 74–76.

[19] *Ibid,* p. 98.

[20] RISM, Vol. 1, pp. 131 ff.

[21] F. A. Gallo: "Alcune fonti poco note di musica teorica e pratica," in *L' ars nova italiana del Trecento,* Vol. II, Certaldo 1968, pp. 73–75.

[22] F. A. Gallo: *La Teoria della notazione in Italia dalla fine del XIII all' inizio del XV secolo,* Bologna 1966, p. 19, n. 24.

[23] *Tabulae codicum manu scriptorum . . .,* ". . . de omnibus habent pz.".

[24] Cf. D. Harbinson, ed.: *Petrus de Cruce Ambianensi: Tractatus de tonis.* CSM 29, AIM, Rome 1976, p. VIII, ex. 1. Or J. Smits van Waesberghe, ed.: *Guidonis Aretini Micrologus.* CSM 4, AIM, Rome 1955, p. 151.

GAUDENT BREVITATE MODERNI

I [1] Quandocumque nota quadrata vel punctus quadratus invenitur, habens tractum a parte dextra descendentem vel ascendentem, longa vocatur, ut hic patet:

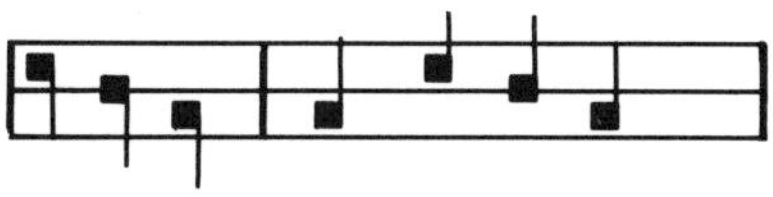

[2] Si autem pr*ae*dictus punctus caret omni tractu, brevis dicitur, ut hic:

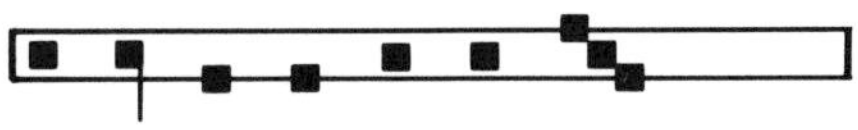

[3] Semibrevis una vel plures sic formantur:

[4] Longa plicata descendens sic formatur:

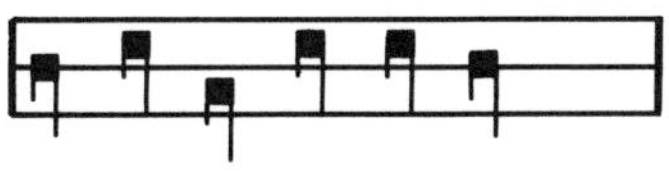

[5] Longa plicata ascendens formabitur sic:

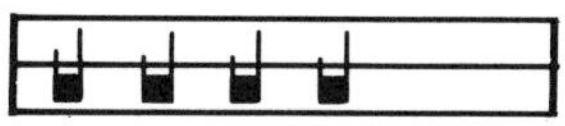

[6] Brevis plicata descendens sic formatur:

[7] Brevis autem plicata ascendens sic formatur:

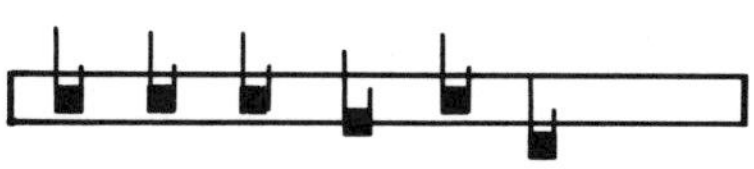

[8] Nota qu*ae* est simplex longa potest sic formari:

9 Duplex longa sic formabitur:

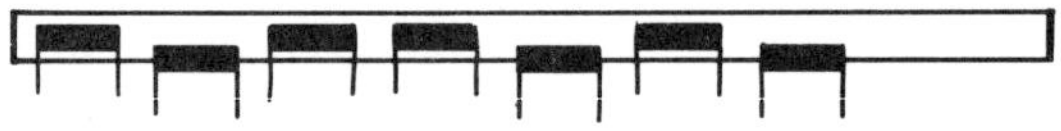

10 Longa ante longam tria valet tempora, ut hic:

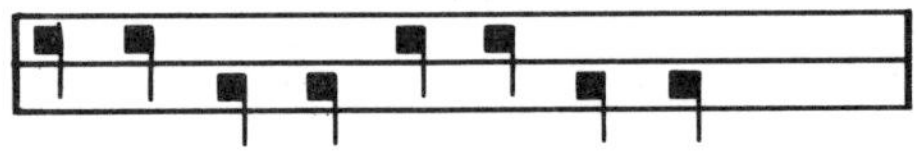

11 Longa perfecta vocatur longa trium temporum.
12 Longa inperfecta duorum temporum vocatur. 13 Simplex longa valet quatuor tempora. 14 Duplex longa sex tempora valet.

15 Quandocumque sola brevis vel valor unius brevis pr*ae*cedit longam, inperficit illam, id est aufertur unum tempus ab ea, ut hic:

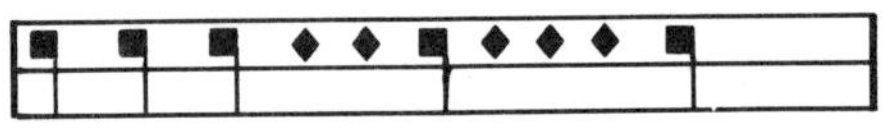

16 Si autem sola brevis vel valor ipsius brevis sequitur longam, inperficit eam similiter, ut hic:

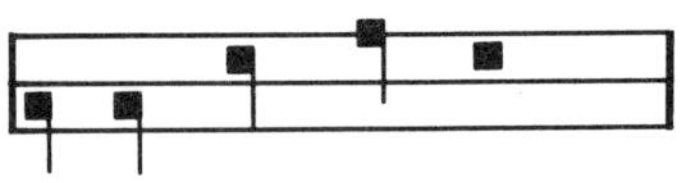

17 nisi per divisionem modi aliter distinguatur, ut hic:

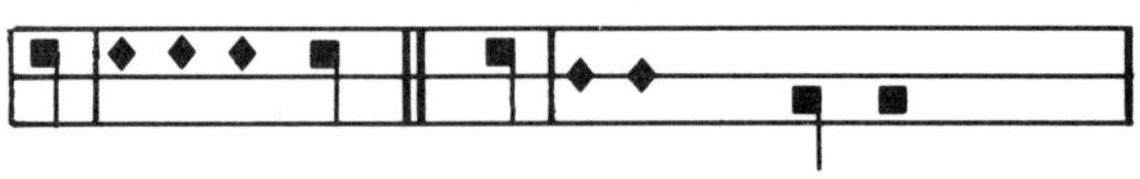

18 Tunc prima longa habet tria tempora, brevis vero sequens inperficit longam sequentem.

19 Omnes not*ae* breves sunt *ae*quales nisi tribus modis. 20 Quorum primus talis est. 21 Quandocumque inter duas longas du*ae* breves vel valor prim*ae* brevis collocantur, tunc prima brevis vel valor eius habet unum tempus et dicitur recta brevis, secunda vero duo tempora, ut hic:

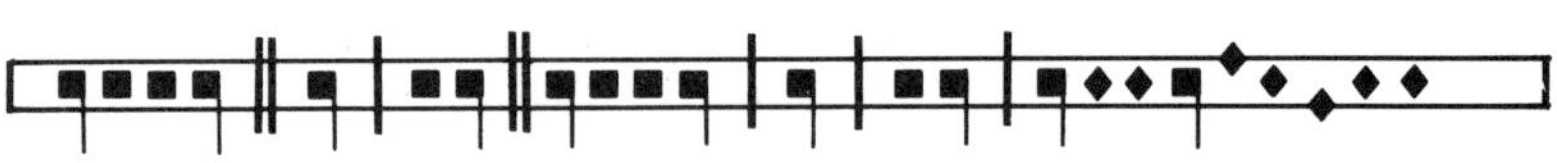

[22] Longa autem prima erit perfecta, nisi sola brevis vel valor ipsius eam pr*a*ecedat, ut hic:

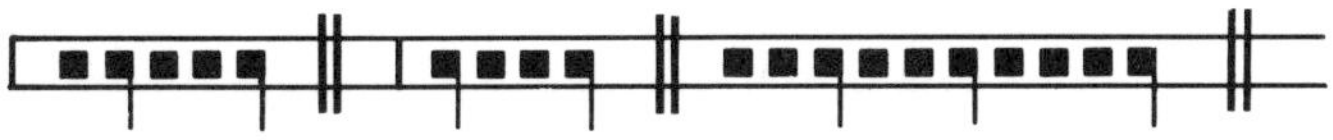

[23] Et ultima longa similiter erit perfecta, nisi sola brevis vel valor ipsius eam sequatur, ut hic apparet:

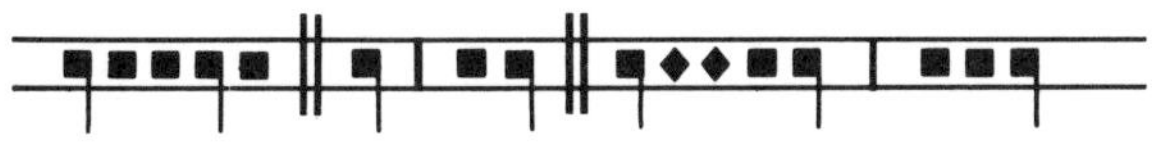

[24] nisi per divisionem modi aliter distingu(w)atur, ut hic:

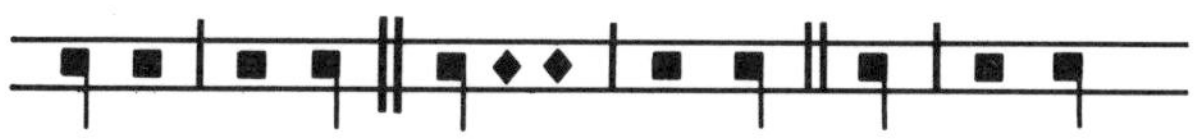

[25] tunc prima brevis inperficit primam longam, secunda vero secundam.

[26] Secunda regula talis est: [27] quandocumque tres breves inveniuntur inter duas longas, sunt *a*equales, ut hic:

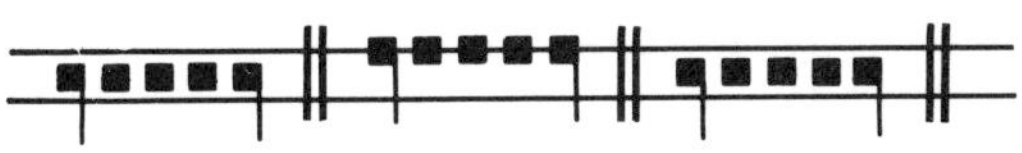

[28] Prima autem longa erit perfecta, id est trium temporum, nisi sola brevis vel valor eius ipsam pr*a*ecedat, ut hic:

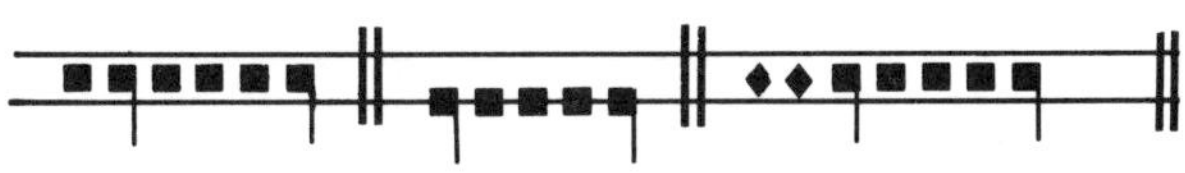

[29] Et ultima longa erit perfecta, nisi sola brevis vel valor ipsius sequatur eam, ut hic:

[30] nisi per divisionem modi aliter distinguatur:

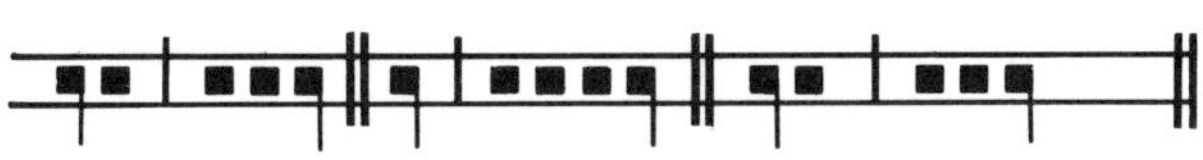

[31] Tunc prima longa inperficitur a breve sequenti, media autem brevis habet unum tempus, tertia vero duo et erit altera brevis;

ultima autem longa erit perfecta, nisi sola brevis vel valor eius ipsam sequatur, ut hic:

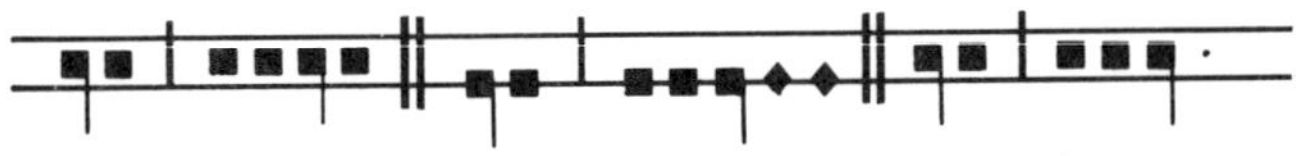

[32]Et hoc est secundo modo quod breves sunt *ina*equales.

[33]Tertia regula talis est: quandocumque plures breves quam du*ae* vel tres inveniuntur inter duas longas, vel etiam sine prima longa, ita quod semper longa in fine maneat, computentur tres et tres semper pro perfectione. [34]Et si in fine du*ae* breves remanebunt, tunc penultima brevis recta brevis, id est unius temporis, ultima vero altera brevis, id est duorum temporum, ut hic:

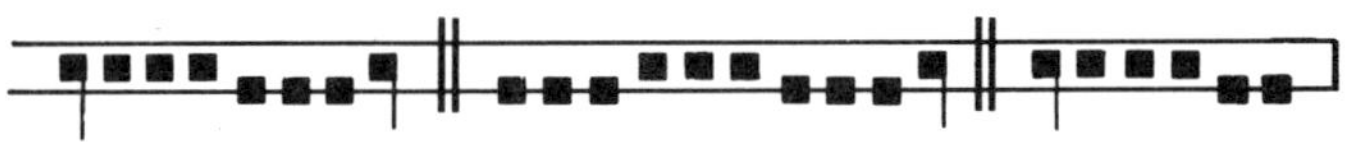

II [1] Quandocumque du*ae* semibreves inter duas longas vel breves inveniuntur, prima semibrevis habet unum tempus semibreve, secunda vero duo tempora semibrevia, ut hic:

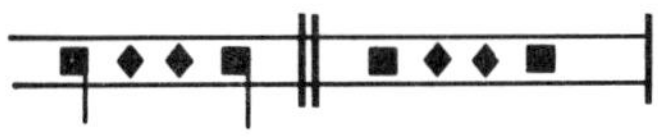

[2]Et vocatur prima minor et altera maior semibrevis, et sic faciunt unam brevem. [3]Si tres, omnes erunt *a*equales, ut hic patet:

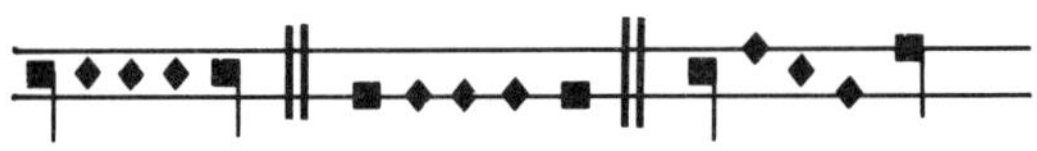

[4]Si autem quatuor, du*ae* et du*ae* pro recta brevi computentur, ut hic:

[5]Et sciendum quod quandocumque plures semibreves quam tres vel quatuor inveniuntur, omnes erunt in*a*equales, ut hic:

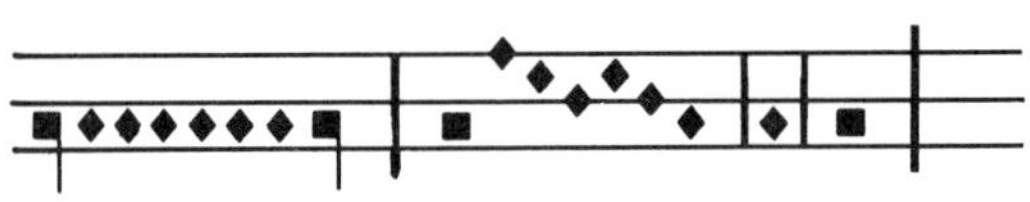

[6]nisi tres in fine remaneant; ill*ae* erunt *a*equales, ut hic patet:

[7] nisi per divisionem modi aliter distinguantur, ut hic:

[8] Et notandum quod divisio modi quandoque ponitur inter duas et tres, et tres et quatuor, et tres et quinque, et quatuor et sex, et quotquot inveniuntur inter divisionem modi usque ad numerum pr*ae*dictum pro uno tempore computentur.

III [1] Quandocumque secundus punctus altior est primo, et primus punctus caret omni tractu, cum proprietate dicitur, ut hic:

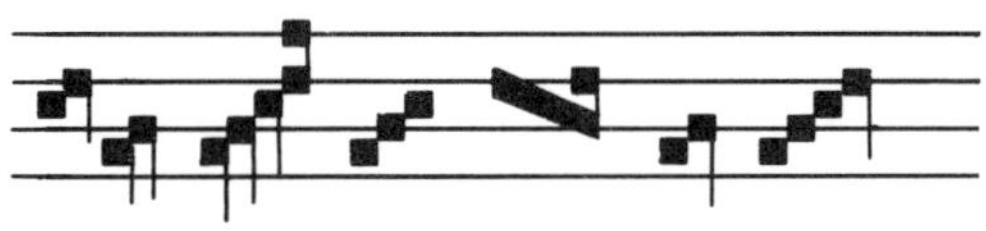

[2] Quandocumque primus punctus altior est secundo, et primus habet tractum a parte sinistra descendentem, cum proprietate dicitur, ut hic:

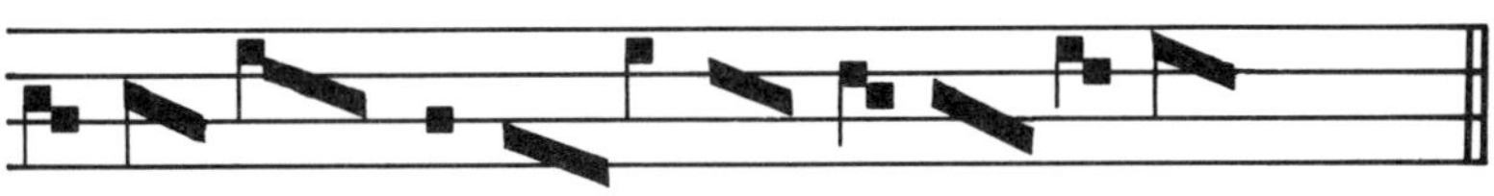

[3] Omnis ligatur*ae* cum proprietate prima brevis.

[4] Quandocumque secundus punctus altior est primo, et punctus primus tractum habet a parte dextra descendentem, sine proprietate dicitur, ut hic:

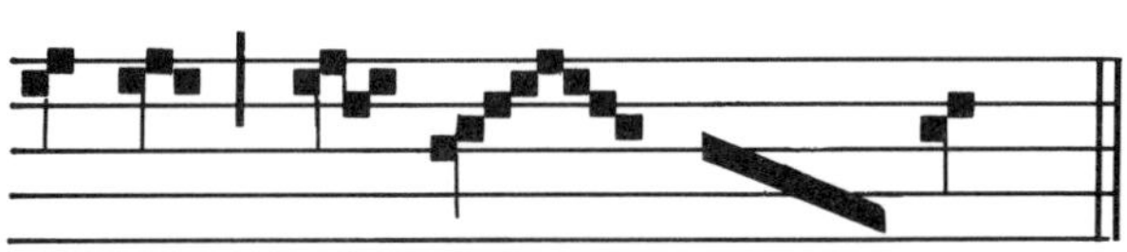

[5] Quandocumque punctus primus altior est secundo, et primus punctus caret omni tractu, sine proprietate dicitur, ut hic:

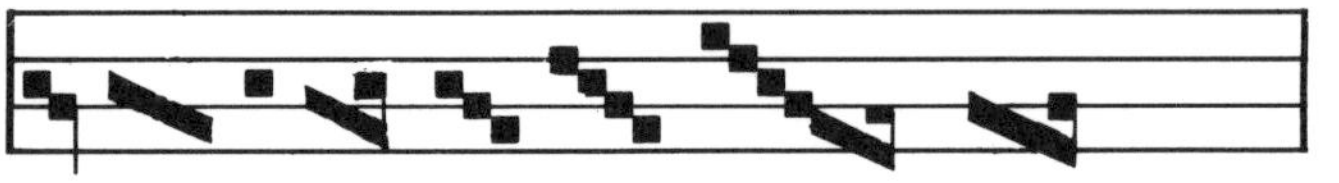

[6]Omnis ligatur*ae* sine proprietate prima longa.

[7]Opposita proprietas est quandocumque in primo puncto ligatu*rae* ascendentis vel descendentis tractus ascendens invenitur, ut hic:

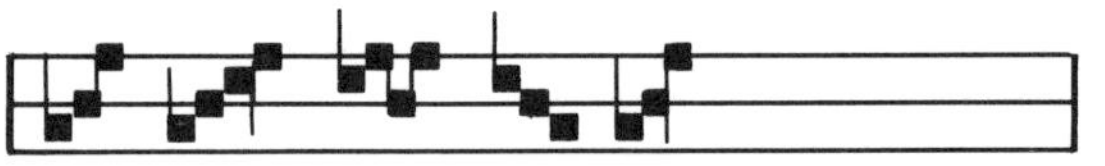

[8]Omnis opposita proprietas est signum semibrevitatis duarum notarum: [9]id est, prim*ae* du*ae* sunt semibreves.

[10]Quandocumque ultimus punctus recte stat supra penultimum, cum perfectione dicitur, id est longa, ut hic:

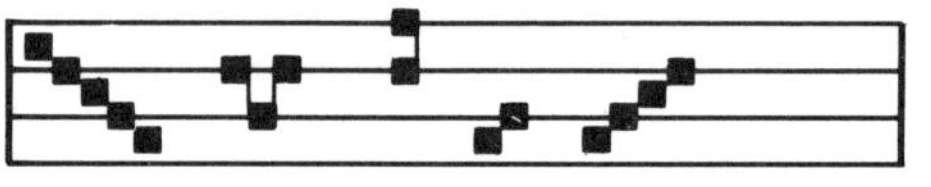

[11]Quandocumque ultimus punctus quadratus iacet sub penultimo, cum perfectione dicitur, ut hic:

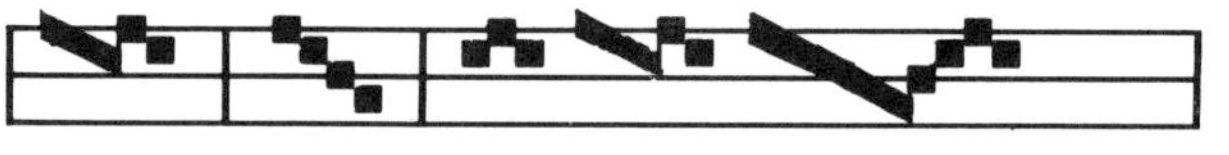

[12]Omnis perfectio longa. [13]Quandocumque ultimus punctus quadratus stat ab obliquo supra penultimum, inperfecta vocatur, ut hic:

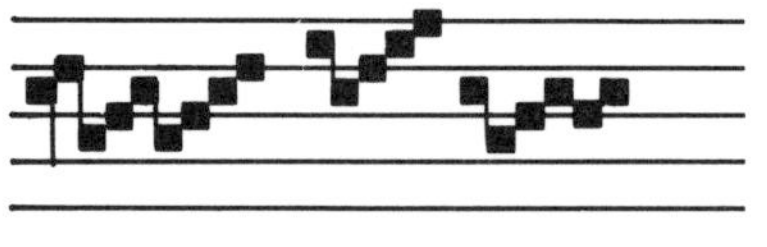

[14]Quandocumque du*ae* not*ae* in uno corpore in fine ligatur*ae* inveniuntur, inperfect*ae* dicentur, ut hic:

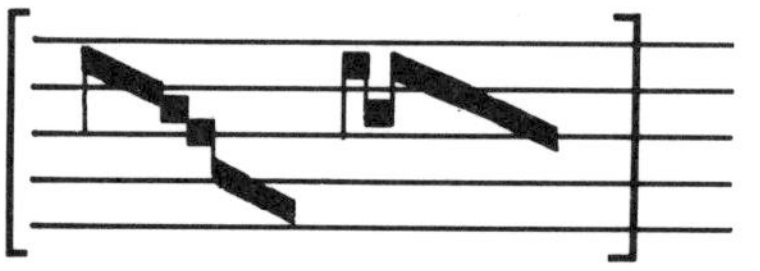

[15]Omnis inperfectio brevis. [16]Omnes medi*ae* sunt breves, ut hic:

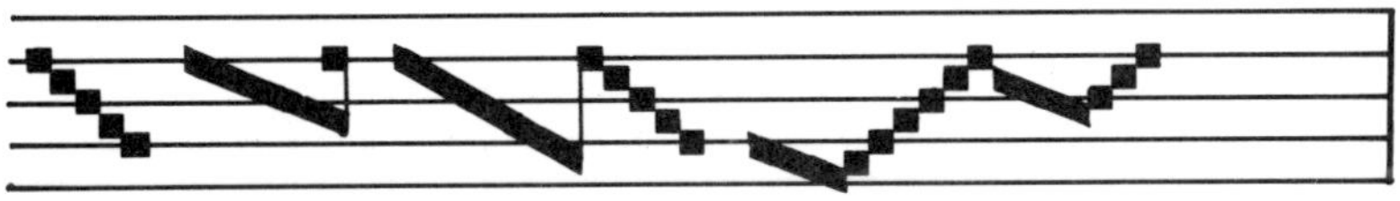

[17] nisi per oppositam proprietatem def(f)endantur a regula tali, et tunc prim*ae* erunt semibreves et sic una mediarum erit semibrevis, ut hic:

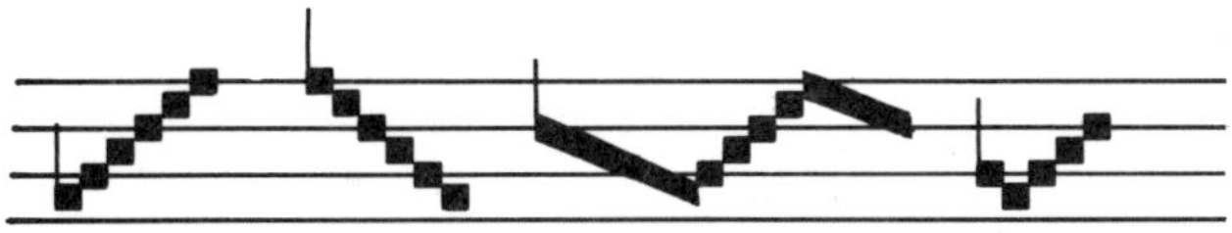

[18] Ratio est quia nulla semibrevis potest stare sola.

[19] Quandocumque punctus quadratus in fine plicatur ascendendo, pro longa cantatur, ut hic:

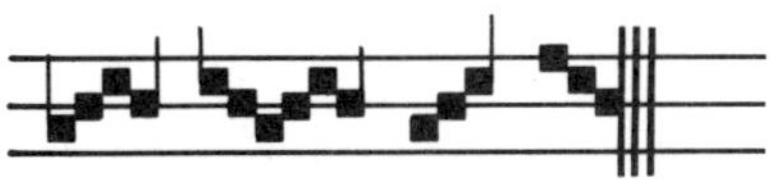

[20] Descendendo similiter, ut hic:

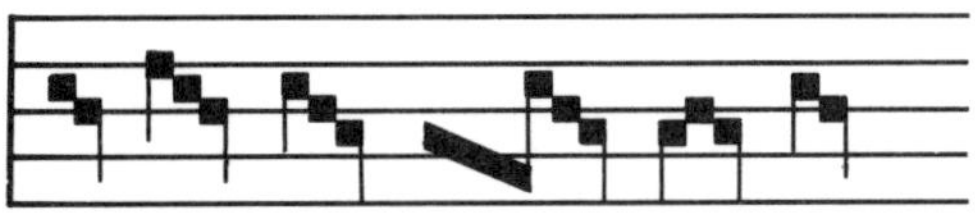

[21] Quandocumque du*ae* not*ae* in uno corpore obliquo in fine plicat*ae* ascendendo inveniuntur, pro brevi dicantur, ut hic:

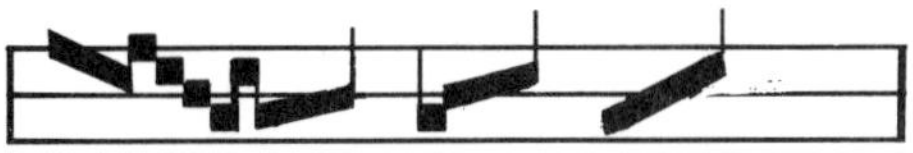

[22] Descendendo similiter, ut hic:

IV [1] *M*utetorum quinque sunt modi. [2] Primus constat ex omnibus longis, ut hic:

[3]Vel ex longa et brevi et iterum longa et brevi et sic in infinitum, ut hic:

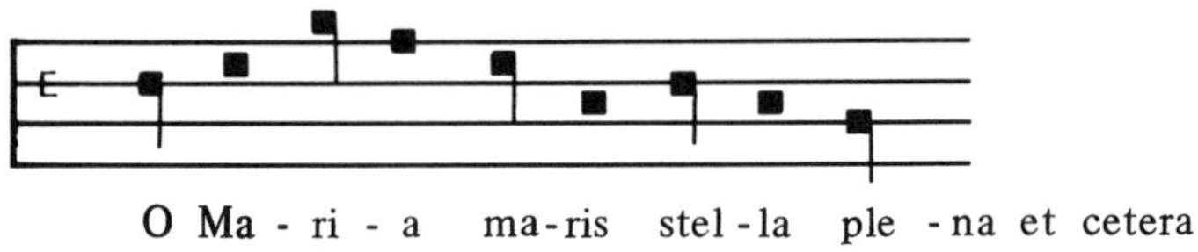

[4]Secundus modus constat ex brevi et longa et iterum brevi et longa, ut hic:

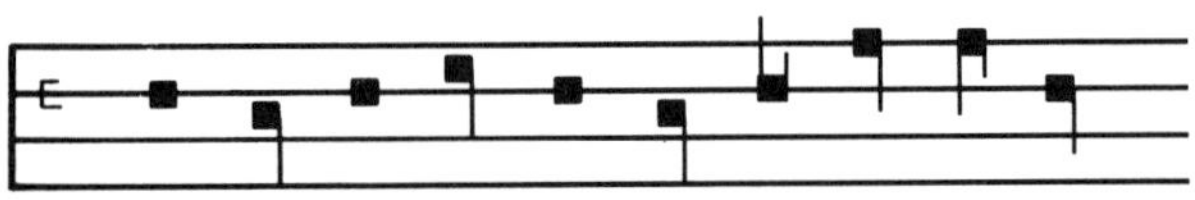

[5]Tertius modus constat ex una longa et duabus brevibus et longa et cetera, ut hic:

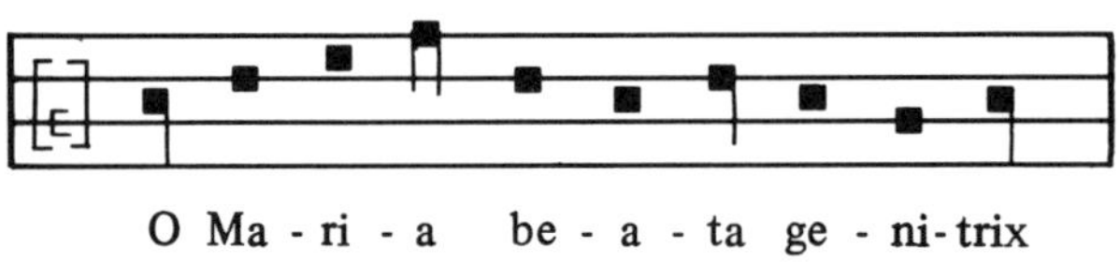

[6]Quartus modus constat ex duabus brevibus et longa et duabus brevibus, ut hic:

[7]Quintus modus constat ex omnibus brevibus et semibrevibus, ut hic:

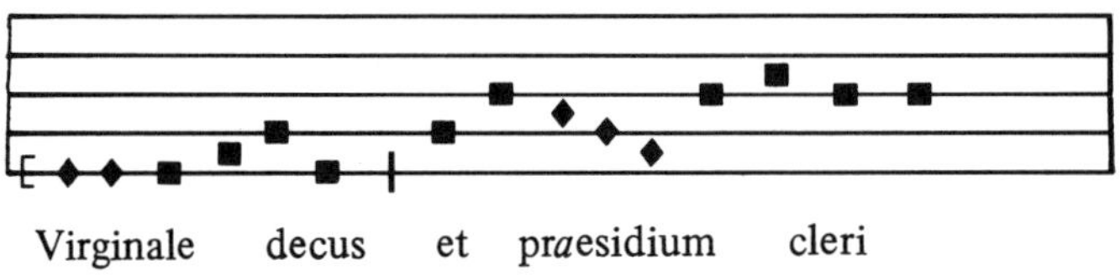

V [1] Pausarum semibrevium alia minor, alia maior. [2] Minor continet tertiam partem unius temporis, ut hic:

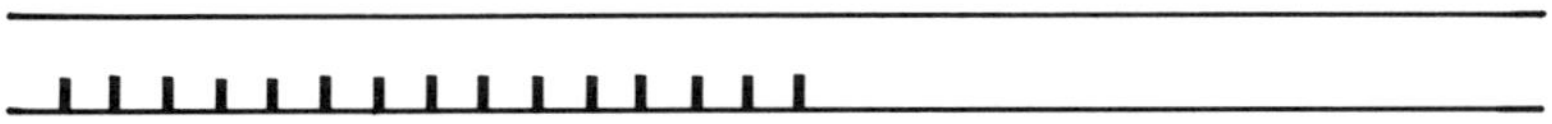

[3] Maior vero duas partes unius temporis, ut hic:

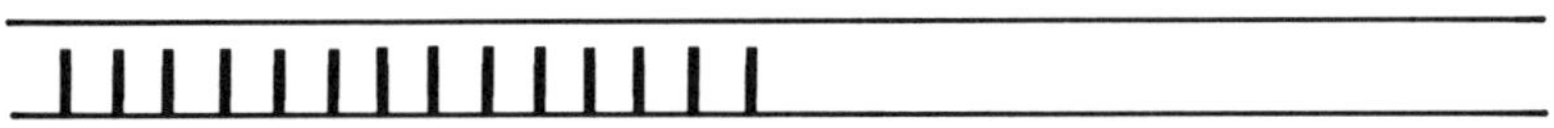

[4] Pausa unius temporis continet totum spatium de linea ad lineam, ut hic patet:

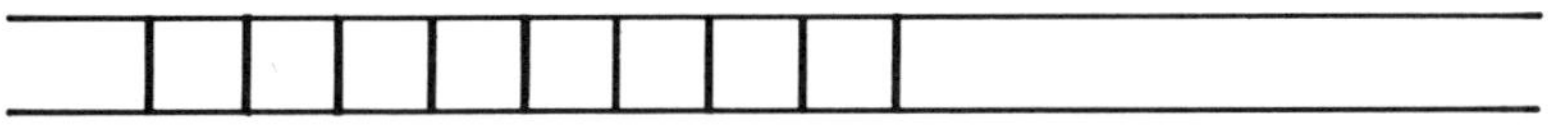

[5] Pausa vero duorum temporum continet duo spatia et tres lineas, ut hic:

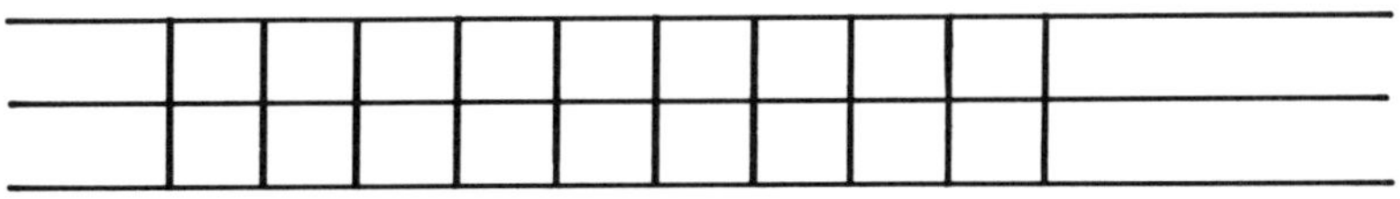

[6] Pausa trium temporum continet tria spatia et quatuor lineas, *ut hic:*

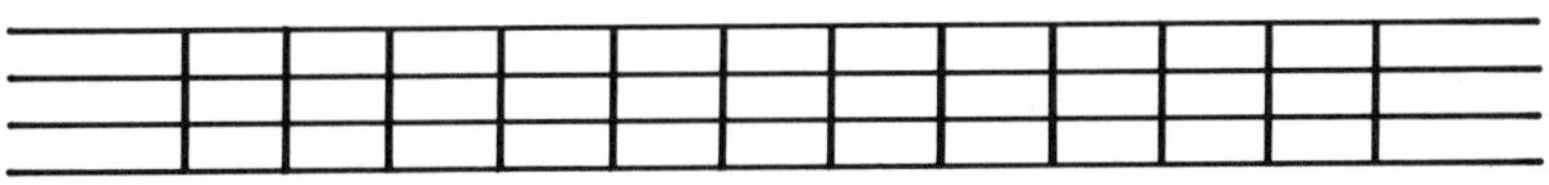

[7] Et alia pausa est qu*a*e dicitur finis punctorum, et continet omnia quatuor spatia et omnes quinque lineas, ut hic:

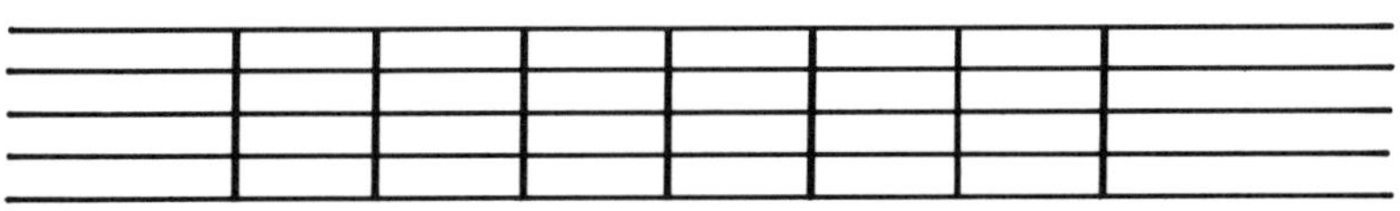

[8] Et alia pausa est qu*a*e dicitur divisio modi et signum perfectionis qu*a*e parum ocupat, ut hic:

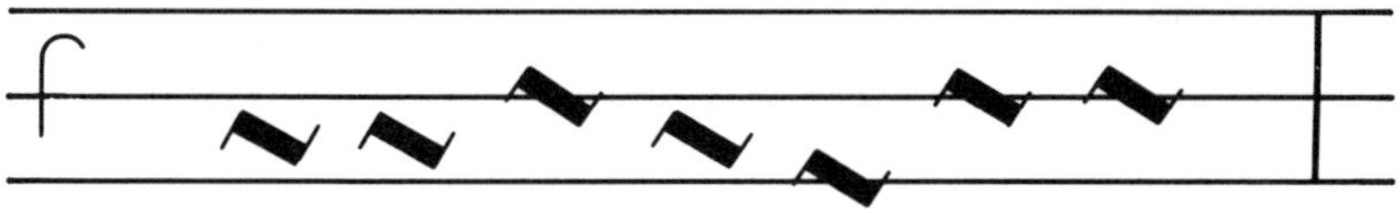

[9] Exempla de omnibus similibus:

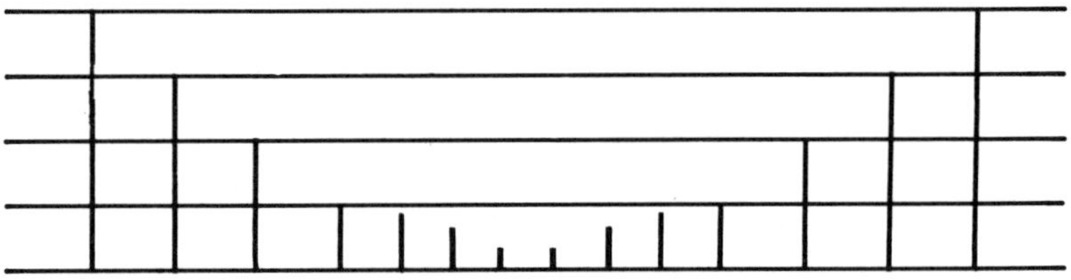

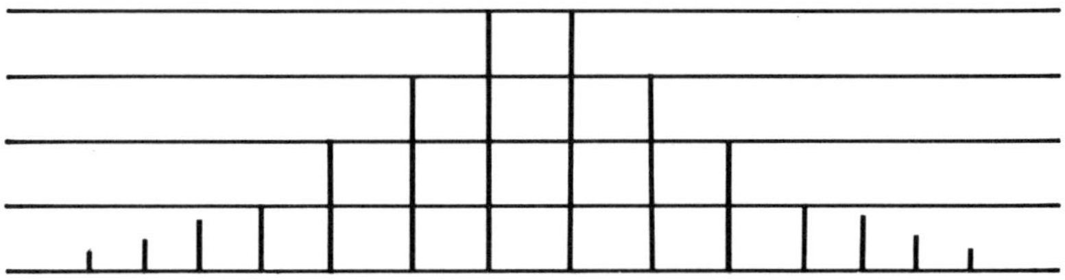

APPARATUS CRITICUS *(Wn I)*

I: 4ff *exempla parum diligenter notata sunt ms/* /16 *ultima nota exempli semibrevis ms/* /17 *pausam post primam notam exempli om ms; pausa post tertiam longam invenitur post ultimam semibrevem ms/* /21 collocantur: -atur *ms: secunda longa exempli brevis ms/* /22 *prima nota exempli semibrevis ms/* /32 modo: ideo *ms;* inaequales: equales *ms/*

II: 7 distinguantur: -guatur *ms/*

III: 11 *ultima nota exempli sine tractu ms/* /13 *omnes tractus exempli om ms/*

/16 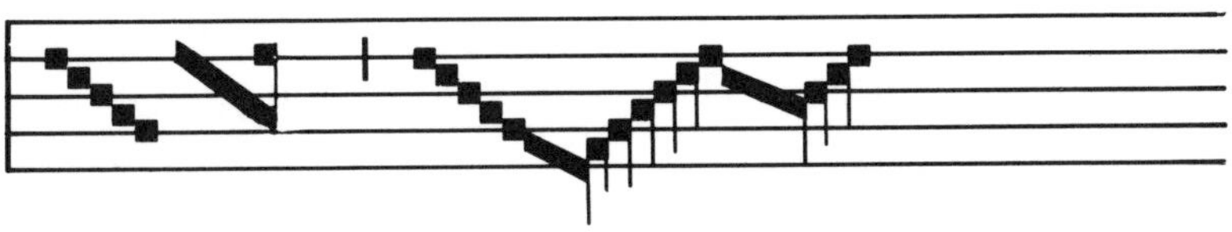 *ms/*

/17 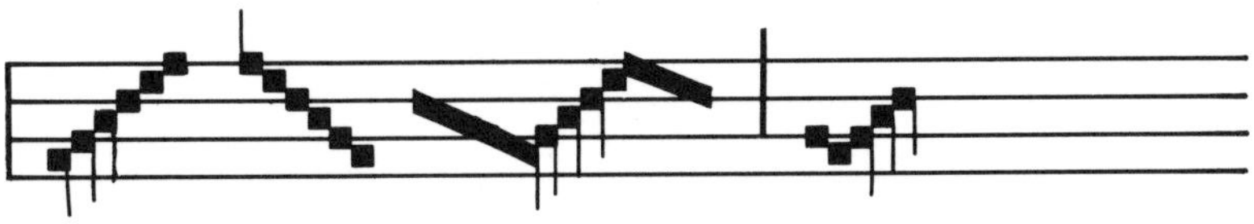 *ms/*

/19 *prima plica exempli descendens ms/* /21 dicantur: -catur *ms/*

IV: 1 Mutetorum: utetorum *ms/* /3 *quarta nota exempli longa ms/* /4 *octava et decima nota exempli brevis ms/*

V: 6 ut hic *om ms/* /8 perfectionis: per perfectionis *ms/*

MUSICAL REFERENCES*

IV: 2. Motetus part of the motet *In Bethleem Herodes iratus* for the T. *In Bethleem.* It occurs with a Triplum using the Motetus text, and with a different Triplum set to a new Latin text *Chorus innocentium* or the French text *Amours mi font rejoïr.* The work is also cited by Franco of Cologne, Petrus Picardus, Robert de Handlo, Anon. II of CS I, the Anon. of St. Emmeram, the Anon. of the Faenza compendium (CSM 15, p. 72), the Anon. *Ars musicae mensurabilis secundum Franconem* (CSM 15, pp. 38, 52), and Document V of CoussH. GennrichB, no. 429.

IV: 3. Motetus part of the motet *O Maria, virgo davitica – O Maria, maris stella* – T. *Veritatem.* The work is also cited by the *Discantus positio vulgaris,* Petrus Picardus, the *De arte discantandi* of CoussH (Doc. V), Robert de Handlo, the Erfurt Anon., and Anon. IX of CS III, as well as in Anon. III of CS I (cf. the new edition on p. 35 of the present volume). GennrichB, no. 448.

IV: 5. Motetus part of the motet *Tu decus es decoris – O Maria, beata genitrix* – T. *Nostrum,* better known in its French form *Qui d'amors veut bien joïr – Qui longuement voudroit joïr d'amors* – T. *Nostrum.* The Montpellier and La Clayette manuscripts also contain the quadruplum *Qui la vaudroit lonc tans de fin cuer amer* for the French version. The Latin Motetus is also cited by the *Discantus positio vulgaris,* Lambertus, Petrus Picardus, the Anon. *Ars musicae mensurabilis secundum Franconem,* and the Erfurt Anon. GennrichB, no. 224.

IV: 6. Although it has not been identified, this musical incipit is probably another Motetus part. The example is borrowed from an Italian branch of the sources of Franco's *Ars cantus mensurabilis,* represented mainly by the Milan ms, Biblioteca Ambrosiana, D 5 inf and also by Gafurius' codex Tremezzo, Bibl. Sola Cabiati. In addition,

* (for full identification of motet sources, see the indices to RISM B IV$^{1-2}$)

this example is quoted by the Erfurt Anon. GennrichB, no. 1149. Cf. also the critical edition of Franco's *Ars cantus mensurabilis* (CSM 18, p. 28).

IV: 7. The Triplum of the motet *Virginale decus et presidium – Descendi in ortum meum* – T. *Alma.* The composition is also cited by the Erfurt Anon., as well as by the Anon. III of CS I (cf. the new edition on p. 36 of the present volume). GennrichB, no. 769.

ANONYMUS

TRACTATUS ARTIS ANTIQUAE CUM EXPLICATIONE MENSURAE BINARIAE

(Wien, Nationalbibliothek, Codex 5003)

INTRODUCTION (Wn II)

The text of the following edition has been taken from the manuscript:

Wn Wien, Österr. Nationalbibliothek, Cod. Vind. 5003; s. XIV/XV, cod. chart., 4°, 216 Folia, 216 x 148 mm. *Olim:* Lunael. Q. 54.

The inventory of this source is given in the introduction to the Franconian Compendium "Gaudent brevitate moderni" from the same manuscript, edited in the present volume.[1]

The "Tractatus artis antiquae cum explicatione mensurae binariae" is a mensural treatise of special historical significance from the second half of the 13th century. Its focal point is binary mensuration. The only other citable source dealing with a similar subject would be the 'appendix'[2] of the "Practica Artis Musicae" written by an English cleric named Amerus (Aluredus).[3] A few observations on the subject of pre-Franconiam notation, but of general nature, should be made first. Walter Odington, referring obviously to an earlier epoch, speaks of a binary longa thus: "Longa autem apud priores organistas duo tantum habuit tempora",[4] and it will become evident that the parameters of "pre-Franconian Notation", in the terminology of Willi Apel,[5], apply as well to the "Practica . . ." of Amerus as to the anonymous "Tractatus artis antiquae cum explicatione mensurae binariae".

The following criteria decided the issue:

"1. Notational distinction between *longa* and *brevis.*

2. Introduction of the *semibrevis.*

3. Introduction of ligatures *sine proprietate, sine perfectione* and

[1] Pp. 49ff.

[2] C. Ruini, ed.: *Ameri Practica Artis Musicae (1271).* CSM 25, AIM, Rome 1977, pp. (11), 97–101.

[3] *Ibid,* p. 14 f.

[4] C. E. H. de Coussemaker, ed.: *Scriptorum de musica medii aevi. Novam seriem a Gerbertina alteram.* Paris 1864, Tomus I, p. 235b.

[5] W. Apel: *The Notation of Polyphonic Music 900–1600.* Cambridge (Mass.), 4th ed. 1949, p. 282.

cum opposita proprietate.

4. Change from the *divisio modi* to rests of different lengths."

For Apel, this development took place in the fertile fields of motet and conductus[6] practice; these two forms are mentioned in the Amerus treatise, and in Anonymous II of the Vienna MS they are mentioned specifically. With regard to the "Coniuncturae",[7] Apel is of the opinion that in the second half of the 13th century, an interpretation according to the external appearance would be supportable. As far as the unusual or alien aspect of binary mensuration is concerned, the author emphasizes a quote from Lambertus:[8] "Unde considerandum est, quando (longa) imperfecta fieri nequit nisi mediante brevi sequente seu precedente, quoniam longa et brevis, et e converso, semper unam perfectionem faciunt ... cum puras imperfectas nemo pronuntiare possit."[9] That duple meter existed in practice before 1300 cannot be questioned, as Apel definitively illustrates when elucidating a tenor from the motet *Je ne puis – Flor de lis – Douce Dame* (Codex Montpellier, Nr. 164),[10] bringing a succession of 6 breves and one longa. For Apel this results, with the help of the upper voices, without doubt in a "modus imperfectus" and not a kind of "modus sextus".

The section in Amerus' "Practica . . ."[11] entitled "De diversitate notarum in cantu organico" contains a passage describing binary mensuration[12] unequivocally, but Gallo[13] points out certain dis-

[6]W. Apel: *The Notation . . .*, pp. 282 ff.

[7]*Ibid,* pp. 240 ff.

[8]*Ibid,* p. 292.

[9]*Ibid.* Cf. Coussemaker, *Scriptorum* . . . I, p. 271.

[10]Y. Rokseth, ed.: *Les Polyphonies du XIIIe siècle;* le manuscrit H 196 de la Faculté de Médecine de Montpellier, vol. I, Paris 1935.

[11]Compare with J. Kromolicki: *Die Practica Artis Musicae des Amerus und ihre Stellung in der Musiktheorie des Mittelalters. Inaugural dissertation,* Berlin 1909.

[12]C. Ruini, ed.: *Ameri* . . ., p. 99. "Nota quod due breves valent unam longam et quatuor semibreves valent unam longam."

[13]F. A. Gallo: *La teoria della notazione in Italia dalla fine del XIII all' inizio del XV secolo.* Bologna 1966, p. 15.

crepancies between text and examples. According to him[14] the introduction of the semibrevis was a genuine innovation, a fact which Apel, in turn, categorizes as pre-Franconian.

For the present I must refer to my article [15] on this subject in which greater detail was possible than is allowed here.

The "Tractatus artis antiquae cum explicatione mensurae binariae" (fol. 202v.–204r.) refers at the outset to the musical forms Motet and Conductus, and mentions above all the note values longa, brevis and semibrevis. The exceptional position of the semibrevis is emphasized not only by the subsequent formulation, but also in having been assigned its own rest (called "suspirium"). The text reads: "Et alia notarum est longa, alia brevis, qu*a*edam vero semibrevis".

The binary emphasis among the "simplices" is determined by the following text:[16] "De semibrevi. Et est semibrevis nota illa quarum du*a*e sigillatim posit*a*e unam brevem, valent quatuor vero unam longam". So far as the "ligatur*a*e composit*a*e"[17] are concerned, the concept "proprietas" reveals a purely pragmatic character. "Proprietas", "signum proprietatis" and "tractus" in this case have absolute equality.[18] The ligature terminology "perfectio" is totally missing in this source. Regarding the listing and subsequent discussion of the "ligatur*a*e composit*a*e,"[19] I am once again compelled to refer the reader to my above mentioned article. In my opinion the "ligatur*a*e semibrevium"[20] are most likely a relic of Coniunctura usage.

[14]F. A. Gallo: *La teoria* . . ., p. 16. ". . . il termine 'semibrevis' è invece nuovo della metrica musicale per designare etimologicamente il valore corrispondente a metà della 'brevis' ".

[15]H. Ristory: "Ein Kurztraktat mit Binärmensuration und praefranconischem Gepräge", in *Studi musicali* 12 (1986); sent to the press.

[16]H. Ristory, ed.: Edition, p. 70.

[17]In contrast to the "ligatur*a*e semibrevium"; cf. Vb, p. 72.

[18]H. Ristory, ed.: Edition p. 70"signum proprietatis . . . id est tractum . . .".

[19]H. Ristory: *Ein Kurztraktat* . . .

[20]H. Ristory, ed.: Edition, p. 72.

The uncertainty of ternaria interpretation resulted, in the case of the Viennese Anonymous II, in a peculiarly ambivalent statement:[21] "Nota quod iste tractus, qui a parte anteriori ponitur, aliud in ternaria quam in binaria ligatura operatur, quare in ternaria ligatura designat *brevitatem,* in binaria vero *semibrevitatem.*"[22]

The treatment of the rests[23] in the Viennese source from Mondsee presents some terminologically interesting variants; the "pausa longa" (imp.) encompasses three "spatia" and represents the value of two (!) "tempora". The "semipausa" fills a "spatium" and reflects a note-value equivalent to the "tempus".

The "suspirium"[24] acquires a special significance when one considers that a symbol of this type is normally not encountered in the repertory of mensural rests.

This short treatise, which is heavily indebted to "usus", represents a noteworthy offshoot of pre-Franconian mensural theory.

[21] *Ibid,* p. 71.

[22] In this case the "ligatura obliqua" represents an exception.

[23] H.Ristory, ed.: Edition, p. 72f.

[24] Compare: G. Reaney and A. Gilles, eds.: *Anonymus: Ars musicae mensurabilis secundum Franconem.* CSM 15/2.AIM, Rome 1971, p. 53 f."Modi divisio, suspirium, acceptio syllabae . . ."

ANONYMUS

TRACTATUS ARTIS ANTIQUAE CUM EXPLICATIONE MENSURAE BINARIAE

I [1]Notandum quod, muteto vel conducto qui mensurabiliter cantantur, speciales in notis mensur*a*e ascribuntur. [2]Et alia notarum eṣt longa, alia brevis, qu*a*edam vero semibrevis, quarum proprietates suo loco ponuntur.

II [1]Nota longa sive duorum temporum aut trium dicitur illa qu*a*e habet tractum a parte posteriori sive dextra, sive deorsum descendat aut sursum respiciat, ut hic:

[2]Item longarum notarum alia est trium temporum, alia vero duorum, verbi gratia: [3]si du*a*e not*a*e long*a*e inmediate ante pausam, semipausam vel suspirium conveniunt, semper penultima est trium temporum, ultima vero unius temporis, ut hic ante pausam:

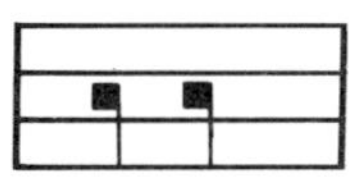

[4]ante semipausam:

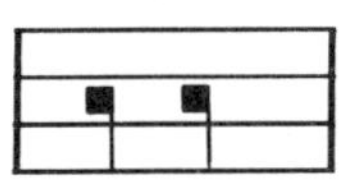

[5]item ante suspirium ut hic:

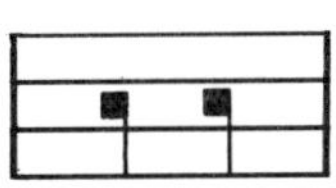

[6]In omni loco, sive sit in linea aut spatio, alias in omni loco pr*a*eterquam ut dictum est, nota longa in proprietate sua duorum temporum debet esse.

III [1]*N*ota brevis dicitur illa qu*a*e nulla proprietate signata ponitur sed simpliciter quadrata, qu*a*e unius est temporis, quarum du*a*e valent unam longam in omni loco posit*a*e sigillatim, ut hic:

IV [1]De semibrevi. [2]Et est semibrevis nota illa quarum du*a*e sigillatim posit*a*e unam brevem valent, quatuor vero unam longam, ut hic:

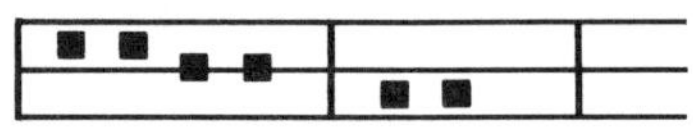

Va [1]Brevium notarum binaria ligatura est duplex: [2]qu*a*edam est duorum temporum et valet unam longam, ut hic:

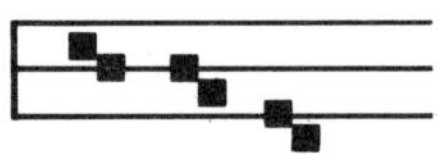

[3]alia vero est unius temporis et valet unam brevem:

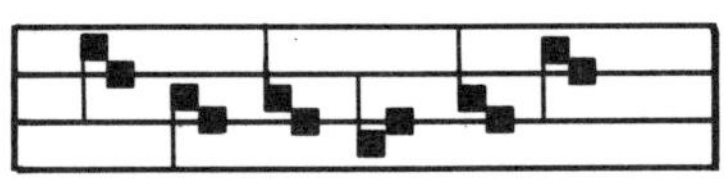

[4]Pr*a*eterea omnis nota habens signum proprietatis su*a*e a parte anteriori, id est tractum, dicitur esse brevis, ut hic:

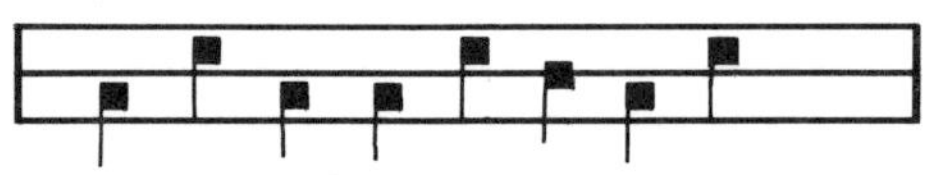

[5]Et sciendum quod ubicumque vel quotienscumque h*a*ec proprietas sive tractus, ut iam dictum est, reperitur, significat brevitatem.

[6]Ternaria ligatura brevium similiter est duplex: [7]alia est trium temporum, alia quatuor temporum, et sic describitur cum tractu sursum:

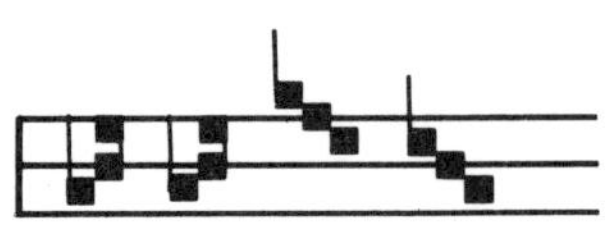

[8]Nota quod iste tractus, qui a parte anteriori ponitur, aliud in ternaria quam in binaria ligatura operatur, quia in ternaria ligatura designat brevitatem, in binaria vero semibrevitatem. [9]Sic ob gratiam illius tractus in ternaria qu*a*elibet nota fit *a*equalis brevis, id est trium temporum, ut superius est notatum. [10]De ternaria ligatura quatuor temporum sic est accipiendum: [11]quando tres not*a*e breves insimiles sine aliqua proprietate tractus sunt ligat*a*e, semper prima est duorum temporum et ali*a*e du*a*e breves, ut hic:

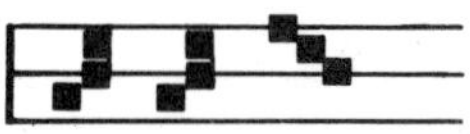

[12]De quaternaria ligatura brevium notarum idem dicimus quantum ad tractum; [13]qui, si in primo puncto signatus fuerit, ipsa quaternaria ligatura erit quatuor temporum et *a*equalis brevis, ut hic:

[14]Si vero fuerit sine tractu, prima erit duorum temporum et quarta similiter, medi*a*e du*a*e erunt *a*equales breves, ut hic:

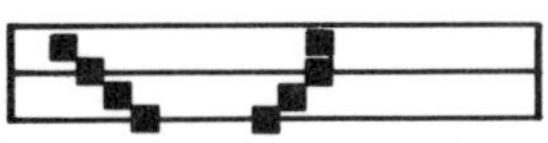

[15]Si vero quaternaria ligatura erit, pr*a*edict*a*e regul*a*e subiacebit. [16]Notandum de ternaria ligatura brevium qu*a*e alio modo describitur et aliter profertur, nam prim*a*e du*a*e sunt semibreves et unius temporis, tertia vero brevis; [17]sic ista ternaria ligatura duo tantum valet tempora, cum pr*a*ecedentes tria aut quatuor valeant tempora; [18]eius proprietas est talis:

Vb [1]Nota ubicumque eadem ligatura inter duas longas evenerit, brevis sive unius temporis erit. [2]Ternaria ligatura semibrevium est duplex: [3]alia unius temporis, alia duorum; [4]eius proprietas talis est:

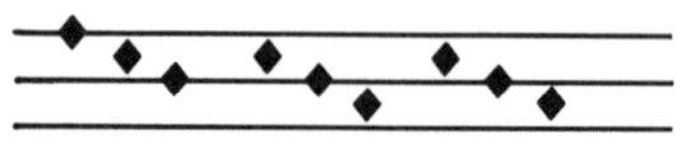

[5]Sed videndum ubi minor vel maior esse debeat in proprietate, et notandum quod quandocumque h*a*ec ligatura ternaria inter duas longas erit, evenerit brevis et unius temporis erit, ut hic:

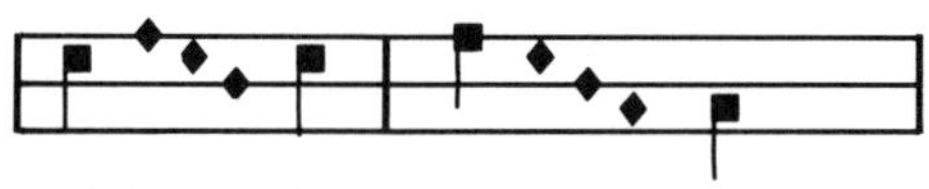

[6]Et e converso si inter duas breves notas evenerit, duorum temporum est et unam longam valebit, ut hic:

[7]Quaternaria ligatura semibrevium, sive stet cum brevibus aut cum longis, duorum temporum debet esse; cum brevibus ut hic:

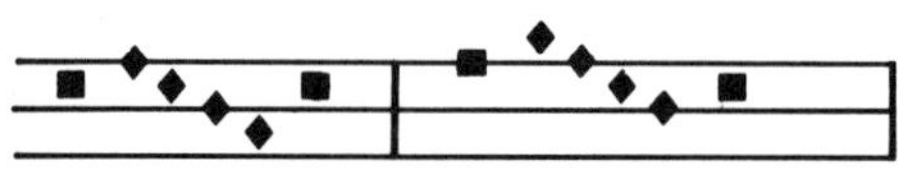

[9]cum longis ut hic inferius:

VI [1]Pausa longa est illa qu*a*e omnes quatuor lineas comprehendit et tempora duo valet sicut et nota longa, et eius proprietas est talis:

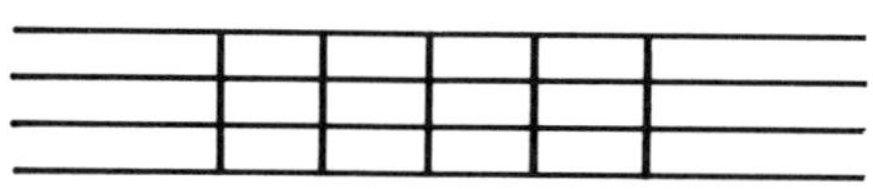

[2]Et notandum quod, quotienscumque in aliquo tenore pausa signata dupliciter, tripliciter, quadrupliciter invenitur, aut in medio aut in fine, totiens ille tenor ab illo loco reiteratur. [3]Semipausa

valet unam brevem notam unius temporis, et duas tantum lineas ex omni parte vix excedit, ut hic:

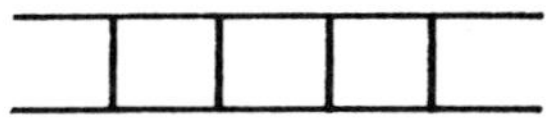

[4] Suspirium unam notam semibrevem valet vel dimidium tempus de linea ad lineam, de spatio ad spatium vix se extendens, sicut de omnibus hic patet:

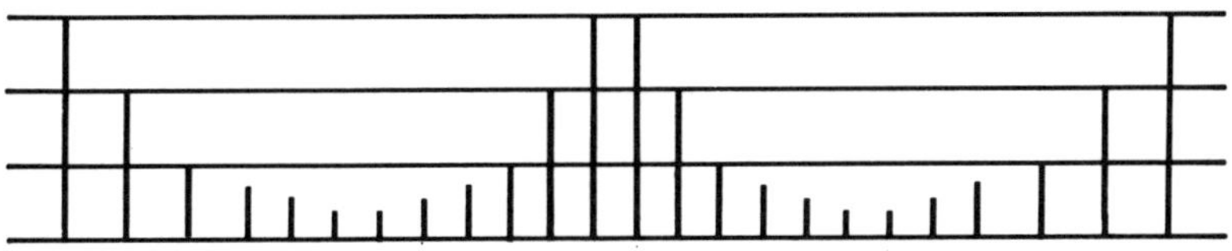

APPARATUS CRITICUS *(Wn II)*

I: 1 qui: qua *ms*/

II: 4,5 *semipausam suspiriumque om in exemplis ms*/

III: 1 Nota: ota *ms*/

Va: 7 *tertia et quarta ligatura exempli cum tractu descendente ms*/ 13 *prima nota exempli sine tractu ms*/ /18 *prima ligatura (?) exempli illeg. ms*/

Vb: 8 *secunda brevis exempli longa ms*/ / 9 inferius: superius *ms*/

VI: 3 unius temporis, et duas: et unius temporis, duas *ms*/

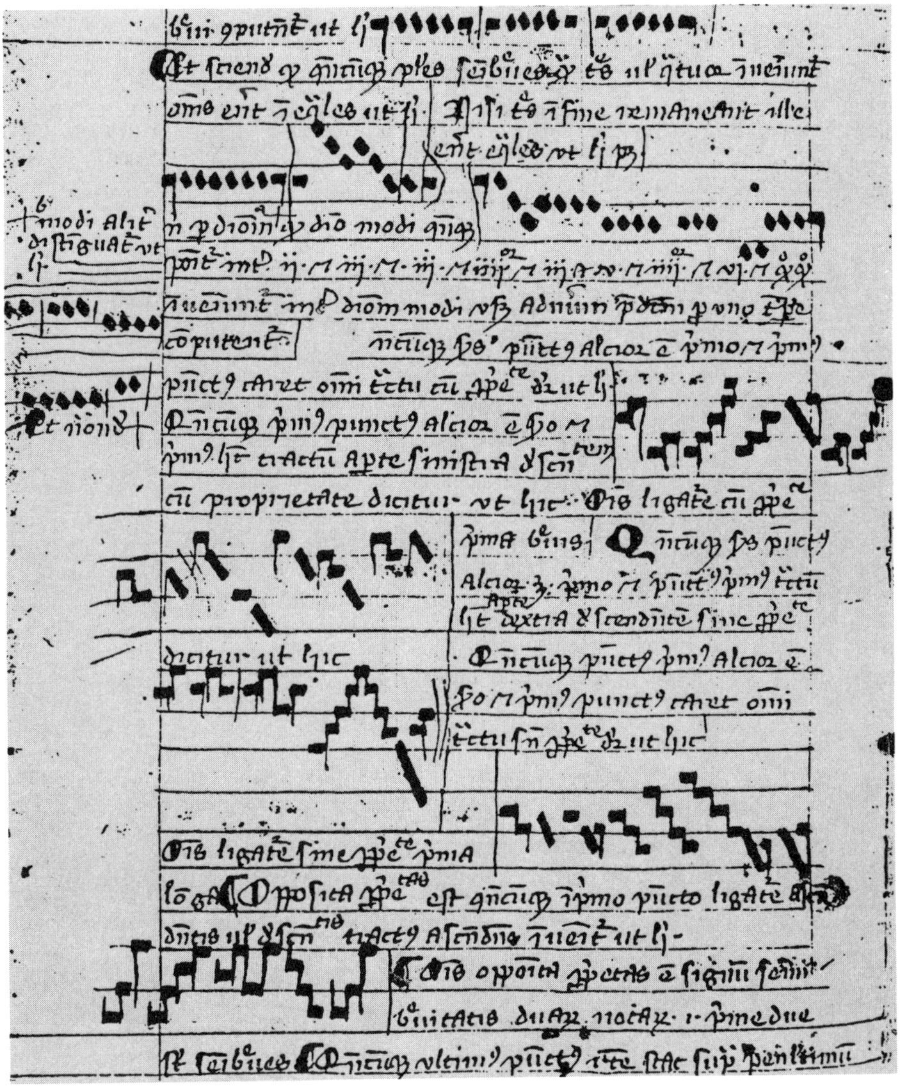

Cod. Vind. 5003, fol. 201 verso